내가 너를 위하어
이렇게 아팠다

내가 너를 위하여
이렇게 아팠다

© 윤병옥, 2019

초판 1쇄 인쇄일 2019년 9월 5일
초판 1쇄 발행일 2019년 9월 11일

지은이 윤병옥
펴낸이 김지영 펴낸곳 지브레인^{Gbrain}
편집 김현주
제작·관리 김동영 마케팅 조명구

출판등록 2001년 7월 3일 제2005-000022호
주소 04021 서울시 마포구 월드컵로7길 88 2층
전화 (02)2648-7224 팩스 (02)2654-7696

ISBN 978-89-5979-623-6(03230)

내가 너를 위하여
이렇게 아팠다

윤 병 옥 지음

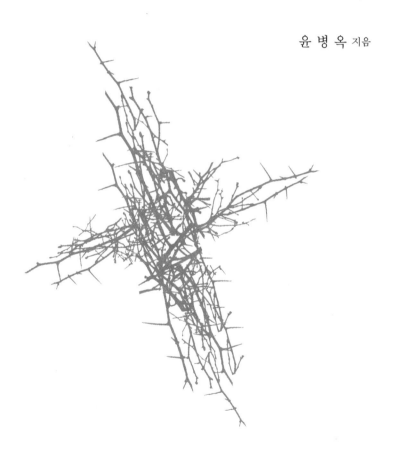

지브레인
153

서문

초등학교 4학년 때부터 교회에 다니기 시작했다. 강원도 산골에서 가정 예배로 시작하여 장로교회와 감리교회를 번갈아 들쑥날쑥하던 교회 생활이 대학교 졸업하던 해 봄에 성령을 받고 봉사하는 신앙생활로 바뀌었다.

예수전도단 찬양 집회를 통하여 은혜받고, 88올림픽 기간 동안 예수전도단 전도팀으로 활동한 이후 성가대와 교회 학교 교사로 봉사하며 행복한 신앙생활을 하였다.

그런데 늘 해결되지 않는 한 가지, 돈에 관하여 삶과 믿음이 일치되지 않아 눌림이 있었다.

40대 초반에 학원을 운영하다 많은 빚을 지고 죽음을 생각하며 어려운 시간들을 보냈다. 이 시기에 순복음교회에서 주님의 음성을 듣게 되고 내가 죄인임을 직면하게 되었다.

그 후 묵은 체기 같았던 돈에 관한 자유를 배우게 되었다. 돈에 대한 자유는 삶에 대한 자유이다. 그 누구도 도와줄 수 없었던 어둠 속으로 예수님이 찾아오셔서 나의 구원이 되셨다. 삶의 모든 묶임에서 나를 해방하셨다. 나를 어두운 데서 불러내어 그의 기이한 빛에 들어가게 하신 이의 아름다운 덕을 선포하려 이 책을 쓰게 되었다.

모든 영광은 하나님께!

내가 너에게 어두운 데서 이르는 것을 광명한 데서 말하며
네가 귓속말로 듣는 것을 집 위에서 전파하라 마태복음 10:27

목 차

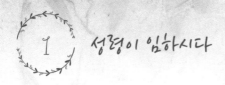

1 성령이 임하시다

고등학교 1학년 때, 학생 철야 예배드린다고 교회를 갔는데 직업군인인 아버지가 교회로 데리러 오셨다.

"여학생이 어떻게 밤새도록 집을 나가 있냐, 고등학생이 공부 안 하고 정신 상태가 썩어 빠졌다!"라고 하셔서 그때부터 교회를 못 나가게 되었다.

그 무렵부터였던 것 같다. 다람쥐 쳇바퀴 돌 듯 사는 게 너무 지루하고 인생이 아무 의미가 없는 것 같이 느껴졌다.

부모님의 불화와 어린 시절에 받은 상처가 어떤 의미인지 눈뜨기 시작한 17세 무렵부터 인생이 허무했다. 왜 살아야 하는지 모르겠고, 이런 상태로 40세, 50세까지 산다는 것은 형벌 같았다.

이 끔찍한 삶이 죽으면 해결될까? 이 무의미함을 넘어서는 영원한 것은 무엇일까?, 영원은 존재할까? 라는 의문이 들기 시작했다.

그렇게 신앙생활 없이 대학생이 되었다. 화학과에 진학했는데, 3학년 때 생화학 ^{Bio Chemistry}을 배웠다.

어느 날, 인체 내 GTP와 ATP의 교환 메카니즘을 배우는데 어찌나 신비하고 경이로운지 '창조자가 분명히 있다'라는 확신이 들었다. 인체 외부의 우주가 무한하고 광대하듯이 인체 내의 미시 세계 또한 무한하고 광대함을 느끼고 전율했다. 그저 우연히 진화해서 만들어질 수 있는 세계가 아니라는 신비함에 사로잡히게 되었다.

그때부터 창조자가 누구일까 찾기 시작했다.

창조자는 하나님일까? 부처님일까? 장자일까? 노자일까?

80년대 초반 대학생 데모가 한창인 시기에 나는 도서관에서 창조자를 찾고 있었다. 내 마음은 늘 '영원한 것이 있을까', '영원한 것은 무엇일까'를 목말라 했다.

대학 시절 단짝 친구 2명이 있었다. 명숙이와 종혜였다.

어느 날, 셋이 이야기를 나누다가 내가 질문했다.

"사람이 왜 사는거니?"

명숙이가 대답했다.

"하나님의 영광을 위해서 살지!"

납득이 되지 않았다. 그 질문을 나는 다른 이들에게 여러 번 했었다. 그들이 구구절절이 설명하는 말들이 마음에 와 닿지 않았었다. 그러나 명숙이의 단순한 대답은 왠지 마음에 걸렸다. 이해가 되지 않는데, 명쾌했다. 명숙이가 나를 자기네 교회에 초대해 주었다.

"병옥아, 우리 교회에 와 봐, 너는 신앙생활을 잘 할 거 같애."

그 주에 명숙이네 교회에 갔다.

자리에 앉았는데, 예배시간 내내 울기만 하다가 돌아왔다. 뜨거운 눈물이 계속 흘렀다. 어떤 찬양을 했는지, 어떤 설교를 들었는지 기억이 없고, 계속 울었던 것만 기억이 난다.

그리고 며칠 후, 버스를 타고 어딘가를 가고 있었다. 늘 그랬듯이 창밖 풍경과 가로수를 바라보며 아무 생각 없이 멍하니 앉아 있었다. 그런데 갑자기 눈물이 주르륵 흐르더니, 내 입에서 '감사합니다, 감사합니다, 감사합니다'라는 고백이 계속 흘러 나왔다. 위에서 보자기 같은 것이 내려와 나를 덮는 것이 마음에 보였다. 그 즉시 성경 말씀이 통째로 믿어졌다. '태초에 하나님이 천지를 창조하시니라 창세기 1:1'는 말씀이 믿어졌다. 창세기 1장 1절이 믿어지니 성경 전체가 믿어졌다.

> 너희는 그 은혜에 의하여 믿음으로 말미암아 구원을 받았으니 이것은 너희에게서 난 것이 아니요 하나님의 선물이라 에베소서 2:8

초, 중, 고 내내 진화론을 배웠기 때문에 이해되지 않았던 하나님의 창조가 그냥 믿어졌다. 예수님의 탄생과 부활도 저절로 믿어졌다. 내가 믿으려고 해서 믿어진 것이 아니다. 성령이 위로부터 임하셨기 때문에 믿어진 것이다. '믿음'은 나에게서 나온 것이 아니라, 위로부터 온 것임을 나는 확실하게 체험했다. 그래서 나도 모르게 '감사합니다!'라는 고백을 수없이 되뇌인 것이다. 하늘로부터 오는 하나님의 선물을 받았기 때문이다.

부적을 떼고 도망치다

어머니는 나와 동갑인, 작은이모의 딸과 함께 남대문에서 옷가게를 하셨다. 꽤 번창해서 하청 공장도 운영하며 재미있게 하시는 듯했다. 그러나 아버지와 이혼하시고, 나의 이종사촌이 독립해서 나간 뒤로는 잘 안 되었다. 이종사촌의 젊은 감각과 당당한 처세가 장사의 비결이었던 듯했다. 영업기질이 없는 어머니는 장사가 안되니 돈을 끌어다 쓰시기도 했다.

이혼 후 받은 돈으로 목동에 투자를 하셨는데, 그 집이 여러 사연이 얽혀 경매 처분되어 공중분해되었고, 양도세까지 많이 내게 되어 살던 집을 팔고 전세로 가야 하는 상황이 되었다. 투자 경험이 없는 어머니가 한창 교육비가 많이 들어가던 삼 남매를 데리고 살아보려고 애를 쓰셨는데 살던 집까지 팔아서 양도소득세를 내야 하는 상황이 되었으니, 당시 어머니가 혼자서 얼마나 막막하고 두려웠을지 후에 내가 빚을 저 보고시아 이해할 수 있게 되었다.

이사하는 날이 되었다. 이사할 집이 살던 집 근처라서 어머니는 내게 먼저 가서 청소를 해 놓으라고 하셨다.

청소 도구를 들고 이사 들어갈 집에 와 보니 현관에서부터 방 입구마다 누런 부적이 붙어 있었다. 먼저 살던 사람들이 부적을 안 떼버리고 이사를 갔나 보다 생각하고 부적부터 다 떼버리고 청소를 했다.

잠시 후에 들리신 어머니가 부적이 어디 갔느냐고 하셨다. 먼저 살던 사람들이 안 떼버리고 간 것 같아서 내가 다 떼버렸다고 했다.

어머니는 "이사한다고 일부러 절에 가서 받아다 제일 먼저 붙였는데 그걸 떼버렸냐!"고 소리를 지르며 빗자루를 집어 드시는 것이었다. 나는 얼른 도망쳤다. 갈 데가 없어서 어머니 친구분 미장원에 가서 파마도 하고 돌아다니기도 하며 시간을 보냈다.

저녁이 돼서 슬그머니 들어갔더니 어머니가 아무 말씀

도 안 하셨다. 후에 어머니께 들으니 이 사건으로 '다 소용 없구나!'라는 생각이 들었다고 하셨다.

처음 성산동으로 이사 왔을 때부터 정육점 안주인이 다니던 절에 몇 분이 같이 다녔다고 했다. 10여 년을 간헐적으로 다니신 듯한데 삶이 안 좋아지니 기대도 사라진 것이리라.

나는 대학 졸업 후에 중학교 때 다니던 공항감리교회에서 성가대와 중고등부 교사를 열심히 하고 있을 때였다. 몇 번 신앙 생활을 권해도 듣지 않으시던 어머니께서 이 사건 이후로 마음을 정하셨는지 나의 제안을 미적지근하게 받아들이셨다.

멀리 있던 공항 감리 교회에서 남천우 목사님을 모셔와 어머니와 함께 예배를 드리게 되었다. 그날 어머니는 어색해하고 불편해하셨지만, 내 마음은 기쁨으로 충만했다.

그 후, 어머니는 한 동네 살던 여의도순복음교회 지역장을 알게 되셔서 여의도순복음교회로 나가시기 시작했다. 예배드리고 오실 때마다 "교회에 갔다 오면 마음이 시원하다!", "조용기 목사님 말씀을 들으면 살아나는 것 같다!", "내가 진작 교회 다녔으면 이혼도 안 했을 텐데!" 하시면서 열심히 다니셨다. 심장병 어린이 돕기를 한다고 매일 상가의 우유 팩을 걷어 와서 씻으셨다. 저녁마다 시큼한 우유 냄새가 집안에 진동했다. 신문도 열심히 모아서 주일이면 한 보따리씩 이고 교회로 가는 게 즐거움이 되셨다. 평생 고생만 하시다가 세상 것 다 잃고서야 주님 만나게 됐지만 어머니는 비로소 평안과 기쁨을 누리게 되셨다. 근래에도 뇌졸중 후유증으로 불편한 몸을 이끌고 새벽예배, 수요, 철야예배까지 예배드리는 기쁨으로 평안한 노년을 보내고 계시다.

> 내가 오늘 하늘과 땅을 불러 너희에게 증거를 삼노라
> 내가 생명과 사망과 복과 저주를 네 앞에 두었은즉
> 너와 네 자손이 살기 위하여 생명을 택하고 신명기 30:19

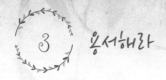

3 용서해라

결혼 10년차인 2006년 1월 드디어 다시 교회에 나가기
시작했다. 서원을 갚기 위해 등록과 동시에 교회학교 고등
부 교사로 자원했다. 불교 집안에 시집간 지 만 9년 만이
다. '남의 집에 시집을 왔으니 9년은 참으리라'고 스스로
에게 한 약속의 날이 끝났다.

어린 시절에 아버지와 어머니가 싸우던 모습과 군대식
으로 훈육하셨던 아버지에 대한 반감이 커서 가정에서 큰
소리가 나는 것이 나는 싫었다. 남의 집에 시집와서 종교
로 갈등을 일으키고 큰소리 나게 하는 원인이 되고 싶지도
않았다.

그러나 시댁 어른들의 눈치를 보면서 교회를 멀리하는 동안 남편의 직장생활이 순탄치 않아 결혼 초부터 시작된 물질적인 어려움이 계속됐다. 출산 후 10개월만에 다시 학원 강사로 일하기 시작하면서 나의 불만은 커져갔다.

하나님께 예배드리지 않는 삶에는 돈이 최우선 순위가 된다. 돈을 적게 벌어오는 남편을 원망했고, 감사할 일이 많이 있었음에도 나의 눈에는 없는 것만 보여서 시댁에서 남편 흉을 보기도 했다.

하나님이 없는 삶은 지옥 같았다. 누가 나를 괴롭혀서가 아니라 내 안에 하나님이 없기 때문에 마음이 사막같이 황량해져갔다. 이런 상황에서 벗어나고자 나는 늘 마음으로 부르짖었다.

'주님, 서원을 갚게 해 주세요!'

결혼 10년차가 되는 2006년 1월 1일에 시아버지와 시어머니께 말씀드렸다.

"제가 이제 예수님 믿는 힘으로 살아야겠습니다!"

결혼 초에는 교회 나가는 걸 다시 생각해 보라고 하셨던 시아버지께서 아무 말씀이 없으셨다. 지난 9년간 경제적으로 고생한 걸 딱하게 여기셔서일 것이다. 시아버지께서 말씀이 없으시니 시어머니께서도 말씀이 없으셨다. 사실

그때 나는 단단히 각오를 했다. 신앙을 지키기 위해서라면 무엇이라도 할 각오가 돼 있었다. 나의 결연한 의지를 두 분은 아셨을 것이다.

그즈음 부천 중동순복음교회 근처로 이사를 한 지 1년 만이었다. 교회에 등록하고 신년새벽기도회에 간 첫날 방언 기도하다가 깜빡 조는 중에 "용서해라"는 음성을 들었다. 너무나 놀랐다. 초등학교 4학년부터 교회를 다녔는데 하나님의 음성을 들은 건 처음이었다. 대학 졸업 후 교회 고등부 교사를 10여 년간 하면서 말씀을 가르치는 것이 얼마나 행복했는지 '평생 말씀 가르치면서 살게 해 주세요!'라고 서원을 하면서도 하나님의 음성을 듣는 법은 책으로 가르쳤는데 실제로 하나님의 음성이 들리다니! 영적인 세계에 이런 놀라운 일이 있다니! '내가 주께 대하여 귀로 듣기만 하였사오나 이제는 눈으로 주를 뵈옵나이다 욥기 42:5'가 나의 고백이 되었다. 글로만 대하던 하나님의 살아계심을 직접 귀로 들었던 것이다.

"용서해라"는 음성을 들음과 동시에 나는 꺽꺽 울기 시작 했다. 주님께서 왜 그 말씀을 하시는 지 알기 때문이었다. 나이 마흔이 넘도록 미워했던 아버지를 내가 용서해야 나를 용서하기 위한 예수님의 십자가 대속이 성취된다는 것이다. 그리고 내가 아버지를 미워하는 것이 하나님께서 내게 부어주시는 축복을 들어오지 못하도록 막는 장애물이란 것이다. 마지막으로, 돈으로 시작된 남편에 대한 원망이 사실은 아버지와의 관계가 회복되지 않아 생긴 미움의 투사인 것이다. 이 모든 것이 한 순간에 알아졌다.

> 너희가 사람의 잘못을 용서하면 너희 하늘 아버지께서도 너
> 희 잘못을 용서하시려니와
> 너희가 사람의 잘못을 용서하지 아니하면 너희 아버지께서
> 도 너희 잘못을 용서하지 아니하시리라 마태복음 6:14-15

하나님의 말씀은 살아 있고 활력이 있어 좌우에 날 선 어떤 검보다도 예리하여 나의 혼과 영을 찔러 내가 생각해보지 못했던 내 삶을 드러내시고 깨닫게 하시는 것이다. 사람에게 말할 수 없었던 아버지로 인한 상처와 아파하며 지냈던 시간들을 하나님께서 알고 계시다는 사실이 감격스럽기도 하고 다시금 그 상처가 아파서 통곡이 터져 나왔다.

그러나 동시에 나는 이제 변해야 한다는 걸, 주님의 도움으로 나 자신을 고쳐야 한다는 걸 직감했다. 아버지에

대한 미움이라는 쓴뿌리가 내 안에 있는 한 나는 평생 쓴 열매만 생산하는 나무가 될 것이기 때문이다.

나는 울며 기도했다.

"주님, 저는 죽어도 아버지를 용서할 수가 없어요. 하지만 주님께서 저를 위해 죽으셨으니 아버지를 용서할 수 있도록 주님께서 도와주세요. 저를 고쳐주세요. 저를 새롭게 해 주세요."

그 날부터 성령님의 도움을 구하며 '내가 어디까지 해야 아버지를 용서하는 것인가?'를 고민하고 기도하기 시작했다.

내 인생의 첫 번째 기억은 아버지가 어머니를 연탄집게로 때리려고 할 때, 5살쯤이었던 어린 내가 울며 아버지를 막아선 것이었다. 인생에서의 이 첫 인상은 주님의 음성을 듣기 전까지의 내 삶을 표현하는 단적인 인상이다.

나의 아버지는 영락교회 청년회장 출신이었다. 아버지가 21살, 어머니가 20살에 결혼하셨고, 아버지가 교회에 가자고 했을 때 어머니는 동의하지 않았다고 들었다. 어머니가 교회를 기피한 데는 외가의 내력이 있다.

외할아버지는 북한 영변 출신으로 신앙 깊은 사업가였다. 지인들과 산 속에서 태극기를 만들며 밤새 눈이 녹도록 기도하시곤 했다는 외할아버지는 공산당의 블랙리스트 일순위에 오른 걸 전해 듣고는 피난을 결심하셨다. 집안 잔치인 척 급히 쌀을 팔아 여비를 마련하였다고 한다. 혹시라도 헤어질 때를 대비하여 여비를 똑같이 나누어 가족들의 옷 섶에 꿰맨 후 전 재산을 두고 밤에 탈출하여 남쪽으로 내려와 충청도에 정착하셨다. 그 후 고생이야 당시 우리 국민 모두가 겪어내야 했던 아픔의 역사였다.

어느 날, 피난민 교회에 가셨는데 담임목사가 옷 잘 입은 분과 추레한 피난민인 할아버지를 대하는 태도가 다르다고 느끼셨던 모양이다. 이후로 교회에 나가시지 않고, 어린 어머니가 피난민 교회에 나가 공부하는 것도 못하게 하셨다고 두고두고 어머니에게서 들었다.

그런 외가 분위기라 신혼 초 어머니는 교회에 나가자는 아버지의 말에 선뜻 동의하지 않았을 것이다. 아버지도 그 후 교회에 나가지 않게 되었고, 이성에 빠지기 시작했던 것 같다. 잘 생기고 로맨틱한 면도 있었던 아버지는 여자 문제로 결혼 생활 내내 어머니를 괴롭혔다. 남동생을 낳았을 때는 산후 조리도 못한 어머니를 새로 약혼해야 한다고 할아버지와 함께 쫓아낸 적도 있다고 들었다.

그리스도인이 교회를 떠나게 되면 더 많은 유혹이 그의

삶을 망치게 된다는 것을 나는 아버지의 일생을 보며 배웠다.

그러나 한 번 하나님의 자녀는 영원토록 하나님의 자녀이다. 하나님은 잃어버린 자녀를 반드시 찾아 회복시켜 주시는 것을 아버지의 마지막 삶을 통해 또한 배웠다.

내가 자라는 동안 어머니는 아버지의 여자 문제로 말할 수 없는 상처와 인격 모독과 폭력으로 병들어가고 있었다. 내가 6학년 때 아버지는 내게도 실수를 했다. 사춘기가 왔을 때, 이 일은 내게 말할 수 없는 분노와 고통으로 다가왔고 어린 내가 극복하기 힘든 문제였다.

대학 졸업반이 되었을 때는, 아버지와 함께 산다는 것을 참을 수 없었고, 어머니가 고통받는 것이 견디기 너무 힘들어 이혼하시라고 어머니를 압박하기 시작했다. 어머니가 이혼하지 않으면 내가 집을 나가겠다고도 했다. 이혼해서 아버지와 같이 살지 않으면 모든 문제가 해결될 거라고 믿었다. 이혼 후에 또 다른 문제가 있을 거라고는 당시의 나로서는 상상도 못했다.

나의 채근질과 몇 번씩 쫓아내고 주먹질까지 해대는 아버지와 더 이상 결혼생활을 유지할 수 없게 된 어머니는 진흙탕 같은 시간을 보내고 나서야 결국 아버지와 이혼

했다.

이혼한 지 20여 년이 지나 왕래 없은 지 오래 되었는데 어떻게 해야 아버지를 용서할 수 있을까? 어디까지가 용서인가? 고민되지 않을 수 없었다.

전화를 해서 용서해드린다고 해야 하나? 만나서 말로 용서한다고 해야 하나? 어디까지가 하나님께서 인정하시는 용서일까? 그 어떤 것도 나로서는 힘들었다.

그러나 하나님께서 주시는 복을 받아 누릴 수 있기 위해서는 내가 바뀌어야만 했다. 하나님 마음에 맞게 내가 고쳐져야 했다.

오랜 기도 끝에 용기를 내서 아버지에게 전화를 걸어 나의 집으로 초청했다. 어머니도 초청했다. 아버지는 흔쾌히 오셨다.

처음으로 나의 집에 오셔서, 처음으로 사위를 만나고, 처음으로 외손녀를 만나셨다. 그날은 함께 식사를 하고 차를 마시고, 처음이자 마지막으로 나의 딸과 게임을 하며 놀아주셨다. 첫 만남은 그것으로 충분했다. 지나간 나의 가족사를 알지 못하는 남편과 어린 딸이 있어서 깊은 대화는 나누지 못했다.

그러나 함께 식사를 한 것으로 '용서하라'는 하나님의

지시를 이행했다기엔 부족했다.

어머니와 나는 아버지를 모시고 기도원에 가기로 했다. 바로 날을 잡아서 함께 오산리 최자실 기념 기도원에 갔다.

예배를 드린 후, 우리 셋은 뒤편에 돗자리를 깔고 앉아 꺼내기 힘든 이야기를 꺼냈다. 하나님께서 내게 주도권을 주셨기에 아버지가 지난날 내게 했던 실수를 용서해드린다고 말씀드렸다. 함께 손잡고 하나님께 직접 기도를 통하여 아버지를 용서한다고 말씀드렸다.

그날, 아버지는 뜻밖의 말씀을 하셨다. 지난 십여 년 동안 교회에 다시 나가기 시작하면서 나를 하나님께 드린다는 기도를 하셨다고 했다. 그때는 그 말이 무슨 의미인지 몰라 아버지가 신앙을 회복했다는 뜻으로만 생각했다. 아버지는 직업 군인으로 있는 동안 가나안 농군학교를 통해 큰 은혜를 받고 나의 초등학교 시절 가정예배를 드리기도 했고, 내가 대학 시절에는 모 이단 모임에도 참석하는 등 신앙의 굴곡을 많이 겪었는데 이제 안정된 신앙생활을 하고 계신 걸로 해석했다.

그러나 몇 년 후 주의 종이 되고 나서 하나님께서 깨닫게 하신 것이 있다. 아이를 낳아 키우고 나서야 헤아려지는 것이 있었다. 무던히도 아버지가 위선자라고 대들던 시절, 어머니는 도덕책 같은 견고함으로 아버지를 비난하던 시절, 아버지는 얼마나 외로웠을까?

마흔이 넘도록 아버지를 미워하며 살았는데, 아버지는 나를 하나님께 드린다고 중보기도를 하셨다니 그렇다면 누구를 미워할 수 있단 말인가? 나는 아버지의 악한 면만 보고 미워했는데, 하나님은 아버지의 선한 면을 사용하셔서 딸을 위해 중보기도하게 하셨다. 아버지는 그 기도가 어떤 의미인지 알고 하셨을까? 나를 주의 종으로 부르심에 왜 하필이면 아버지의 중보기도가 필요했을까?

나는 아직도 그 이유를 알지 못한다. 다만 악을 변하여 선이 되게 하시는 하나님의 역설적인 은혜의 깊은 섭리일 거라고 믿는다.

이와 같이 성령도 우리의 연약함을 도우시나니 우리는 마땅히 기도할 바를 알지 못하나 오직 성령이 말할 수 없는 탄식으로 우리를 위하여 친히 간구하시느니라 로마서 8:26

기도원에서의 만남 이후, 나의 마음은 20여 년 짓눌렸던 미움의 쓴뿌리에서 자유하게 되었다. 아버지의 사과는 형

식적이었고 진심이 느껴지지 않았지만, 내가 할 수 없었던 용서를 성령님께서 할 수 있게 하셨으니 하나님께서 주신 숙제를 다 했다는 마음으로 홀가분했다.

그러나 몇 년이 안되어 나도 큰 실수를 하게 되어 아버지 앞에 스스로 깨끗한 척했던 내가 짐승일 뿐임을 대면하게 되는 사건이 있었다. 내 의로 아버지를 정죄하며 청년 시절을 보냈는데 그 정죄함으로 내 자신을 정죄하는 일이 생기게 된 것이다. 사람을 판단할 자격이 사람에게는 없다는 것을 배운 후에야 나도 아버지께 죄를 범했음을 깨달았다.

> 비판을 받지 아니하려거든 비판하지 말라
> 너희가 비판하는 그 비판으로 너희가 비판을 받을 것이요
> 너희가 헤아리는 그 헤아림으로 너희가 헤아림을 받을 것이니라 마태복음 7:1-3

마지막 만남에서, 내가 받은 상처만 보고 아버지를 비난하고 대들었던 나의 태도를 사죄드렸다면 아버지와의 사이에 있던 막힌 담이 완전히 허물어졌을 것이다.

몇 년 후, 월남전 후유증인 전립선 암이 악화되어 아버

지는 돌아가셨다. 나는 아버지께 용서를 구할 기회를 영영 잃어버렸다.

용서는 성령님이 하시는 일이다. 부활하신 예수님께서 제자들에게 숨을 불어 넣어주시면서 성령을 받으라고 말씀하셨다. 그리고 용서하라고 하셨다. 용서는 성령님께서 내 안에 계셔야만 할 수 있다.

> 예수께서 또 이르시되 너희에게 평강이 있을지어다 아버지께서 나를 보내신 것 같이 나도 너희를 보내노라 이 말씀을 하시고 그들을 향하사 숨을 내쉬며 이르시되 성령을 받으라 너희가 누구의 죄든지 사하면 사하여질 것이요 누구의 죄든지 그대로 두면 그대로 있으리라 하시니라 요한복음 20:21-23

예수님께서 숨을 불어넣으시는 이 장면은 창세기 2:7 사람 창조의 장면을 닮았다.

하나님께서 숨을 불어 넣어주셔서 흙으로 지은 사람을 생령이 되게 하심같이 예수님께서 성령을 불어넣어 주심으로 육의 사람을 영의 사람으로 다시 창조해 주시는 것이다. 죄인들을 용서하시기 위해 하나님께서 예수님을 세상으로 보내신 것 같이 예수님은 '나도 너희를 보내노라'고

하시며 제자들을 세상으로 보내셨다. 육에 대하여 죽고 영으로 다시 태어나서 세상에서 해야 할 일은 예수님처럼 용서로 악을 이기는 것이다. 때로 용서는 십자가를 지는 것 같은 고통이 수반된다. 그러므로 내 의가 아니라 예수님의 의로만 진정한 용서가 가능하고, 바로 그곳에 세상이 줄 수 없는 예수님의 평강이 임하게 되는 것이다.

4 저 같은 아줌마를 데려다 쓰실 데가 어디 있어요

교회에 등록하자마자 바로 고등부 교사로 지원했다. '평생 말씀 전하며 살겠다'는 서원을 갚기 위해서였다.

9년 동안 마음 편히 예배드리지 못하다가 교사로 복귀하여 예배드리게 되니 그 기쁨은 말로 할 수가 없었다. 눈물 없이 예배드릴 수 없었고, 건강을 잃어 본 사람이 건강의 소중함을 알듯이 예배시간이 얼마나 좋은지 눈을 감으면 못이 자석에 끌려가듯 하나님께로 끌려가는 것 같았다. 당시 신동석 목사가 고등부 담당 목사였는데 위대한 하나님의 사람들에 대한 설교를 시리즈로 하였다. 설교를 들으면서 어떤 다른 삶으로 나를 부르시는 듯한 하나님께로의 끌림을 많이 느끼곤 하였다.

일년쯤 지났을 때, 함께 봉사하던 교사 한 분이 신학을 공부하면 어떻겠냐고 권유하였다. 나중에 알고 보니 여의도 본교회 심두진 목사의 사모이셨고 후에 목사 안수를 받았다. 신학은 생각해본 적도 없었던 단어였다.

20대 때 주변에 신학을 공부하는 사람이 두 사람 있었다. 한 사람은 중학교 때 교회 친구인데 가정 형편이 어려워 운동하다가 고등학교 졸업 후에 신학교에 갔다. 또 한 사람은 클래식 기타를 같이 배우던 여자분이었는데 병약하여 직장을 다니지 않는 분이었던 걸로 기억한다. 두 사람을 보면서 신학교는 가난하고, 세상에서 성공하지 못한 사람들이 가는 덴가 보다고 생각했다. 내가 사는 세상밖에 모르는 우물 안 개구리 같은 시절이었다.

그런데 나보고 신학을 하라니, 처음엔 황당해서 신경도 안 썼다. 당시 나는 〈수학 세계〉라는 보습학원을 운영 중이었고, 교회학교 고등부 교사 중에 영어학원을 운영하는 분이 있었다. 이옥자 사모는 나와 그분에게 함께 성경공부를 하자고 하였다. 나는 사람을 사귀는 데 시간이 좀 걸리는 타입이라 조심스럽게 경계하면서 거절하였다.

두 분이 성경 공부하다가 몇 달 후에 다시 제안을 하여서 성경공부에 참석하게 되었다. 성령의 역사에 관한 공부를 같이 했는데 사모 교육 자료로 배운 것을 우리에게 가르쳐 주었다.

성경공부 후에는 함께 손을 잡고 기도를 하곤 했는데 이옥자 사모의 우리를 위한 깊은 방언 기도가 인상적이었다.

어느 날, 기도 후에 사모는 내 안에 우상이 있는 것을 하나님께서 보여 주셨다고 조심스레 말하였다. 하나님을 따르려 하는 마음과 세속적인 마음으로 나뉘어 있는 나를 사모를 통해 알게 하신 것이다.

결혼해서 아이가 생기고 아이가 커 가면서 남들처럼 아니 더 잘 해 주고 싶은 마음에 돈 욕심이 생기기 시작해서 더 풍성히 누리고 싶은 욕심이 주님을 떠나 있던 9년 동안 많이 자라 있었던 게 사실이었다.

타인의 지적은 당황스러웠지만 주님 은혜 안에서 깨닫게 하심을 감사하며, 마음의 생각과 삶의 태도가 하나님께 집중되어 언행일치를 이룰 수 있도록 고쳐주시기를 기도하기 시작했다. 선교사들과 주의 종들의 간증을 들으며 나도 그분들처럼 하나님의 은혜로 인도함 받는 삶을 살고 싶은 목마름이 생겼다.

몇 번의 귀한 시간을 보내고 다시 사모는 내게 신학을 공부하는 게 좋을 거 같다고 권유하여서 진지하게 생각하기 시작했다. 일단 하나님께 여쭈어 보기로 했다.

'하나님, 이옥자 선생님이 저보고 신학 공부하라고 하는데 저 신학 해야 해요?'

질문하고 잤는데 새벽에 응답이 왔다. 꿈에서 깨며 응답임을 확신했다. 한 남자를 따라서 몇 개의 산을 넘어 큰 유리 건물 앞에 도착했다. 문이 열리며 한세대학교 총장이 '어서 와라!' 하며 시어머니 같은 어투로 맞아주었고 투명한 건물은 책들로 가득차 있었다. 내가 따라간 남자는 남편이었다.

신학하라는 뜻이 분명했는데 사실 반갑지 않았다. 주의 종에 대한 개념도 없었고 어떻게 해야 할 바도 모르겠고 삶이 바뀌는 것도 두려웠다. 초등학교 2학년 아이 키우면서 학원에서 중·고등학생들 가르치면서 하루하루가 바쁘고, 매달 월세 내랴, 월급 주랴, 대출이자 내랴, 한달 한달이 어찌나 빨리 돌아오는지 내가 학원이라는 자동차를 운전하는 건지 내가 그 자동차의 바퀴인 건지 사는 게 바쁘고 힘든 날들이었다. 며칠 지나며 꿈은 잊어갔다.

얼마 후, 또 신학 얘기가 나와서 다시 주님께 질문했다. '하나님, 저 신학해야 돼요?' 볼멘소리로 질문하고 잤다. 다시 꿈으로 응답주셨다. 링 위에 올라서서 나는 우리팀 대표로, 상대는 상대팀 대표로 권투장갑을 끼고 경기를 막 하려고 하는데 상대 선수가 내게 말했다.

"공식 자격증을 가지고 와!"

꿈에서 깨며 마음이 무거워졌다. 피할 수 없는 일이라는 중압감이 마음을 눌렀다.

그럼 학원은 어떻게 해야 하나? 예수님께서 부르시면 베드로처럼 생업을 두고, 세배대의 아들들처럼 가족을 두고, 레위처럼 이익을 두고 예수님을 따라가야 한다고 생각했는데 그럴 자신이 없었다. 학원을 포기한다면 우리 가족은 어떻게 살 것인가?

평생 곱게 자란 남편은 생활력이 약했다. 그의 수입만으로는 살 수 없다는 판단에 시작한 학원이었다. 가르치는 일과 아이들을 좋아하니 평생의 업으로 삼으려고 시작한 일이었다. 수학으로 시작해 영어도 하고, 외국인 회화도 하면서 확장되어가는 중이었다. 남편도 다니던 회사가 폐사하여 다른 수입이 없는 상태에서 학원을 포기해야 한다니 생각만으로도 무서웠다. 그러나 하나님의 부르심에 순종하지 않는 것도 무서웠다.

어느 날, 삼세판이니까 마지막으로 '다시 한번 기도하자'라고 생각하며 하나님께 애원했다.

'하나님, 저 신학 안 하면 안 될까요? 저 같은 아줌마를 데려다 쓰실 데가 어디 있어요?'

어김없이 다음날 새벽, 주님은 다시 꿈을 통해 말씀하셨다. 기도원 대성전 형태의 어마어마하게 큰 공간에서 강대상 쪽을 보며 내가 서 있었다. 연단에는 두 개의 보좌가 있고 빛이 뿜어져나왔다. 하나님과 예수님이 앉아계시다는 걸 느낄 수 있었다. 구원 받은 사람의 이름이 호명되면 그 사람을 태운 의자가 어딘가에서 와서 앞에서부터 정렬되어지고 있었다.

나는 맨 뒤에 서 있었는데, 내 앞줄에 앉아 있던 교구 지역장이 "저 앞에 나갈 건 아니지?"라고 물었다. 하나님과 예수님 앞에 가서 상을 받는 수상자들이 서는 연단을 말하는 것이었다. 나는 속으로 '내 이름을 부르면 이 멋진 중앙계단을 우아하게 걸어가야지'라고 다짐하는데, 갑자기 내가 서 있던 뒤편의 바닥 전체가 물이 흐르듯 이동하여 수상자들이 대기하는 연단 왼쪽 끝에 다가가는 순간 잠이 깼다. 동시에 내 머리를 치는 생각은 '아! 일하지 않으면 상이 없구나!'였다. 꿈이었지만 얼마나 아쉽고 서운했는지 순종해야겠다는 생각이 절로 들었다. 그러나 꿈에서 깨면 현실은 달랐다.

> 야훼께서 아브람에게 이르시되 너는 너의 고향과 친척과 아버지의 집을 떠나 내가 네게 보여 줄 땅으로 가라
>
> 창세기 12:1

이 성경 구절이 얼마나 먹먹하게 마음에 와 닿았는지 모른다. 창세기 12장 2절부터 시작되는, 사람이 상상해 본 적 없는 하나님께서 주시는 축복의 말씀은 하나도 눈에 들어오지 않고, 어딘지도 모를 곳을 향하여 있던 자리를 떠나야 한다는 게 막막하고 몹시 두려웠다.

어느덧 2007년 가을이 되었다. 세 번의 확답에도 불구하고 아무 행동도 취하지 않고 지내던 어느 날, 세 명의 아이들이 이제 학원을 그만둔다고 알려왔다. 수학 점수는 잘 나오니 이제 종합학원으로 옮겨야겠다는 명분이었다. 다음 주에 두 명이 또 학원을 그만둔다고 했다. 무서워지기 시작했다. 조금씩 현금 흐름이 둔해지던 차에 그 가을부터

는 누적된 적자가 눈에 띄게 커지고 돌려막기가 안 되기 시작하며 빚의 무게가 점점 더해지기 시작했다. 무엇인가에 내몰려지고 있다는 압박을 느끼며 2008년에는 신학교에 가야만 한다고 스스로 마음을 다잡기 시작했다.

2008년 새해가 되었다. 신년 말씀을 뽑았는데, 그 말씀이 가슴으로 훅 들어왔다.

보라 내가 너를 이가 날카로운 새 타작기로 삼으리니 네가 산들을 쳐서 부스러기를 만들 것이며 작은 산들을 겨같이 만들 것이라 이사야 41 : 15

그런데 시댁 어른들께 어떻게 말씀드려야 할지 막막했다. 그러나 나의 고민은 기우에 불과했다. 나의 신학교 입학 결정을 들은 시아버지는 "그래? 이왕 하는 거 열심히 해 봐라!"라고 하셨다. 시아버지께서 결정하면 시어머니는 언제나 순종이었다. 참으로 지혜로운 어른들이시다. 종교가 다름에도 갈등을 만들지 않는 처세에 감탄했다. 의외로 설득이 쉬울 거라고 생각했던 남편이 오히려 나를 답답하게 했다. 순복음영산신학교 입학 제출 서류에는 배우자의 허가서가 있는데 남편이 서류 제출 마감일까지 안 해 주고 외출해 버렸다.

서류 제출 마지막 날 하루 종일 미적거리며 나도 빈둥거리고 있는데 입학 서류 제출했냐고 여기저기서 전화가 오는 바람에 내가 사인해서 마감 시간이 돼서야 제출했다.

딩시 한세대학교 대학원 입학과 순복음영산신학원 3학년 편입, 두 가지 방법을 놓고 고민 중이었는데, 가족 모임 후 몸 왼편에 마비가 와서 치료하러 다니다가 한세대 등록 기간은 지나버렸다. 학비 문제도 있고 해서 순복음영산신학원으로 가게 되어 편안했다. 한세대 대학원 입학을 위해 애써주었던 분께는 늘 미안한 마음을 가지고 있다. 그런데 여의도순복음교회 전도사 시험은 나이 제한이 있어서 졸업반 때 딱 한번 시험볼 수 있는 기회가 있었다. 한세대 대학원으로 진학했으면 시험 치를 기회조차 없었을 것이다.

당시 여의도순복음교회는 만45세까지 시험 자격이 있는데, 졸업반 때 시험을 앞두고 갑자기 시험응시자격이 만40세로 바뀌어 큰 혼란이 있었다. 그러나 일주일만에 올해까지만 만45세까지 응시할 수 있다고 변경 공지되어 시험볼 수 있게 되었다.

당시 하교 후에는 생활비를 벌기 위해 학원에서 강사 생활을 하고 있었기 때문에 시험 공부할 시간이 충분치 못했는데 하나님의 은혜로 합격할 수 있었다. 입학 당시엔 몰랐지만 한 번밖에 시험 자격이 없는 나를 순복음영산신학원으로 인도하셔서 시험 보게 하시고, 여의도에서 훈련받고 싶다는 기도 제목도 응답해 주신 하나님께 영광을 돌린다.

5 미장원 원장을 놓치다

아파트 단지 상가 이층에 미장원이 있었다. 미장원 원장은 우아하고 조용한 분으로 혼자 운영하고 있었다. 신혼집인 이 아파트에 살 때부터 다니기 시작했는데, 원장도 같은 단지에 살았다. 나도 말이 별로 없는 편이라 학원 강사할 때도, 학원을 경영할 때도 조용히 앉아서 커트만 하고 돌아오곤 했다.

다시 교회에 나가기 시작하고, 곧이어 신학교를 다니면서부터는 전도해야 한다는 부담감이 생기기 시작했다.

그러나 정작 미장원에 가면 입 떼기가 어려워 날씨 얘기나 하고 가만히 앉아 있다가 돌아오면서 '다음에 하지 뭐……'라고 다짐하곤 했다. 다른 아파트로 이사한 후에도 계속 이 미장원을 이용했다. 이사하고 집 앞의 순복음교회로 다닌다는 이야기 정도만 했다.

어느 날, 원장이 "딸이 교회에 나가고 싶어 해요"라기에 딸과 교회에서 만날 장소와 시간을 원장하고 정했다. 그런데 그 주일에 딸이 안 나왔다. 다음 번 미장원에 갔을 때, "딸이 아직 마음의 준비가 안 됐나 봐요"라고 하기에 강권하지 못했다. "간다고 하면 말씀해 주세요"라고 대답하면서 마음 속으로는 '원장님, 저랑 같이 교회 가세요'라는 말을 하고 싶었는데, '다음에 하지 뭐……' 하고 또 그 마음을 꾹 눌렀다. 그렇게 미적거리며 세월이 갔다.

몇 달만에 딸애하고 함께 미장원을 찾았다. 문이 잠겨있고 메모지도 없었다. 혼자서 하는 미장원이라 멀리 가면 메모를 붙여 놓곤 했었다.

'화장실에 가셨나?'하며 기다려야 하나, 갔다가 다음에 올까 결정을 못하고 머뭇거리고 있었다.

"아, 애기 엄마 왔어요?" 하는 남자 목소리에 뒤 돌아 보니, 1층에 있는 부동산 사장이었다. 이 부동산을 통해서 집을 매매했기 때문에 잘 알고 있는 분이었다.

"잠깐 내려와 봐요"하셔서 부동산 사무실로 갔다. 딸애를 조금 떼어 놓게 하더니, "아, 이걸 얘기를 해줘야 하나……"라며 주저하면서 말을 꺼내셨다.

옆 단지의 오래된 주공 아파트를 헐고 재건축한 아파트에 미장원 원장 댁이 분양을 받았다는 것이었다. 살던 아파트를 전세로 돌려서 중도금을 치르고 얼마 전 12월부터 입주가 시작됐다고 한다. 그래서 잔금을 치르기 위해 부동산에 말해 놔도 집 보러 오는 사람이 없어서 급한 마음에 미장원 원장이 벼룩 시장에 광고를 냈다는 것이었다. 어느 날, 집을 보러 오겠다는 남자의 전화를 받고, 미장원에서 일을 하다가 혼자 집을 보여 주러 갔다가 그 남자에게 성폭행을 당했다는 것이었다. 그리고 얼마 후, 아파트에서 뛰어내려 자살했다는 것이었다.

정신이 멍해졌다. 너무나도 충격적인 일이었다. '저랑 같이 교회 가요'라는 말을 하고 싶은 걸 계속 꾹꾹 누르면서, '다음에 하지 뭐……'라고 미루기만 했는데 이런 일이 생기다니 믿을 수가 없었다. 그 마음은 성령님께서 주신 마음이었는데 내가 계속 미루었던 것인가 싶어 심한 죄책감이 몰려왔다. 다음에 또 기회가 있을 줄 알고 다음에, 다음에 하다가 이런 일이 생긴 것이었다. 너무 마음 아픈 사건이라 그날 저녁 기도하며 유족들을 붙잡아주셔서 예수 그리스도의 부활의 은혜로 다시 일어나서 살아갈 수 있도록 눈물로 중보기도했다.

다음날, 새벽 너무 무서운 꿈에서 깨어나며 영혼 구원에 대한 하나님의 깨우치심을 느꼈다.

환하게 불이 켜진 버스 안에 나와 딸과 친구들이 있었다. 여행에 대한 기대감과 즐거움이 가득했다. 버스 안은 따스했고 모두들 버스 안을 아름답게 장식하느라 웃음소리와 이야기 소리로 왁자했다. 버스 밖은 캄캄하고 추운 것 같아 보였는데 푸르스름한 무엇이 나를 쳐다보는 것 같아서 무서웠다. 친구들에게 밖에 무언가가 있다고 말했지만 모두들 아무것도 안 보인다는 것이었다. 나를 쳐다보고 있는 그것이 나에게만 보이는 건가 싶어서 어두운 밖을 다시 보았는데 푸르스름한 형체는 사람들이었다. 그들은 공허하고 무심한 눈빛으로 나를 쳐다보고 있었다. 가슴이 서늘해졌다.

버스가 천천히 출발해서 가는데 그 푸르스름한 형태의 사람들이 버스 왼편에서, 버스 오른편에서, 버스 뒤에서도 나를 쳐다보고 있었다. 그들은 구원받지 못한 사람들인 것 같았다.

시간이 멈춘 듯한 무표정과 가만히 서서 쳐다보는 푸르

스름한 사람들의 모습은 수 년이 지난 지금도 생생하다.
이 사건은 영혼 구원에 관하여 내가 무뎌질 때마다 나를
일깨우는 아픔이 되었다.

인자야 내가 너를 이스라엘 족속의 파수꾼으로 세웠으니

너는 내 입의 말을 듣고

나를 대신하여 그들을 깨우치라 에스겔 3 : 17

6 하나님이 주인이신 학원

    학원을 개원한 후 친구 목사와 매달 첫 월요일에 예배를 드렸다. 중학교 때 다니기 시작한 공항감리교회 친구들 중에서 처음으로 목사가 된 윤상철 목사와 사모와 교사들과 함께 예배드리고 안수기도도 받아서 뿌듯해졌다.

    예배 후 식사 교제 중에 사모가 "이 학원의 주인이 누구냐?" 하시는 것 같다고 해서 마음이 찔렸다. 어떻게 시정해야 할까 고민하다 수요일부터 출근하자마자 교사들과 함께 기도하고, QT 하는 시간을 먼저 가졌다. 하나님께서 〈수학 세계〉의 주인이심을 고백하고 각자 가르치는 아이들을 위해 기도하고 일과를 시작했다.

돕는 교사들 중 한 사람은 개인적으로 친한 수학 강사 세희이고, 한 사람은 영어 교사인데, 두 사람 다 그리스도 인이라 한마음, 한뜻이 되었다. 특히, 세희는 남편이 사업가라 일하지 않아도 넉넉한 가정인데, 나를 돕는 마음으로 보수를 개의치 않고 도와주고 있었다.

결혼 직후에 다니던 학원에서 만나 각자 어려운 시기를 자매같이 함께하며 서로 힘이 되어 준 사람이 세희와 학교 후배이기도 한 숙희이다. 후에 두 사람은 내가 신학교 학비를 만들려고 결혼 패물을 팔 때, 학비를 대주었고, 신규 전도사로 가장 궁핍한 시기를 지낼 때 세희가 300만 원을 꾸어줘서 밀린 관리비를 해결한 적도 있었다. 그때, 세희는 "언니, 다른 거 다 갚고 맨 나중에 줘도 돼요"라고 해서 나를 감동시켰고, 갚을 때까지도 돈 되는 대로 조금씩 이자도 없이 보냈는데도 늘 힘이 되어 준 귀한 믿음의 사람이다. 숙희도 몇 년 후부터 신앙 생활을 시작하여 신실하게 믿음이 자라고 있다. 남편은 다니던 중소기업회사가 국세청 감사에 걸려 세금을 10억 맞고 폐사하게 되어 학원에 합류하게 되었다. 남편은 8년의 유학 생활 후 귀국해서 회사를 다닌 경력도 있지만, 영어 프랜차이즈 회사에서 인기 강사였던 적이 있어서 힘이 되었으나, 예배에는 참석하지 않았다.

그렇게 '학원의 주인은 하나님이시니 친히 인도해 주세요'라고 함께 기도하며 지낸 지 한 달쯤 지났다. 새로 봉고차를 사게 되었는데, 학원 광고 문구를 어떻게 해야 할까 고민하며 기도하게 되었다. 하나님께서 원하시는 대로 인도해 주시기를 기도했다.

그런데 '하나님이 주인이신 학원, 수학 세계!'라고 매일 기도해서인지 학원 차 광고 문구를 '하나님이 주인이신 학원 〈수학 세계〉'라고 해야 할 것 같은 생각이 들었다.

'아유 하나님, 학원 광고를 '하나님이 주인이신 학원'이 뭐에요' 하며 절래절래 머리를 흔들었다.

그런데 그때부터 고민이 시작됐다. 이 문구가 머리에서 떠나지를 않는 것이었다. 찰싹 달라붙어서 하루에도 몇 번씩 생각나서 미칠 지경이었다. '아니 교회 다니는 사람 중에 학원하는 사람이 얼마나 많은데 그런 비슷한 광고판을 붙이고 다니는 학원은 한 번도 못봤어요'라고 투정을 부리기도 했다. 솔직히 창피했다. 꼭 교회를 다닌다고 그렇게 티를 내야 하는가 싶었다.

그러나 한 번 하나님이 말씀하시면 거역할 도리가 없다. 결국, '하나님이 주인이신 보습학원 영·수 전문 〈수학 세계〉'로 광고판을 맞추었다.

그 광고판을 달고 처음 학원 차가 운행을 시작하는데 너무 어색하고 부끄러웠다. 내가 '돈키호테'라도 된 것 같았다. 그러나 며칠 지나다 보니 신경도 쓰이지 않게 되었다. 지나고 보니 문구가 중요했던 게 아니라 하나님의 명령에 순종할 때 사람들의 생각과 시선에 대한 두려움을 극복하게 하는 훈련을 한 것 같았다.

'하나님이 주인이신 보습학원 영·수 전문 〈수학세계〉' 라는 광고판을 달고 학원 차를 운행한 지 몇 달 후 한 분이 찾아왔다. 학원차 광고 문구를 보고 왔다고 하였다. 전율이 흘렀다. '하나님이 주인이신 학원'이란 문구가 홍보가 될 거라곤 생각해 본 적 없었다. 어쩌면 그 한 분을 위해서 이 광고판을 만들게 하셨을지도 모른다는 생각을 해 보았다. '하나님이 주인이신'이라는 문구가 그 한 분에게 어떤 의미가 되었다면 하나님이 일하시는 통로로 나는 쓰임받은 것이고, 그것이 내게는 영광이 된다.

……진리를 구하는 자를 한 사람이라도 찾으면……

예레미야 5:1

한 사람, 둘시네아(사랑스러운 여인 또는 큰 뜻)를 찾아가는 돈키호테처럼 하나님의 말씀에 순종하는 일이 내 일생 돈 키호테 같아 보인다 해도 주님만 기뻐하신다면 족하다는 다짐을 하게 된 사건이었다.

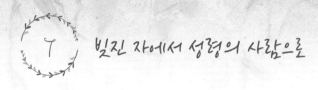

    학원 개원한 지 4년, 개원 당시 대출은 2달이면 끝난다. 외형적으로는 빚을 갚은 것이지만 다른 쪽에서 빚이 많이 생겼다. 앞에서 남고 뒤로 밑진다더니 먹고 산 것밖에 없는데 돈이 모이질 않고 더 빚질 뿐이었다. 사업을 시작할 때 최소 1년치 운영자금을 가지고 시작해야 한다는 말을 실감하고 있다. 집은 절대 건들면 안 된다는데, 집 담보로 대출받아서 시작했으니 학원 자체는 운영이 되지만 생활비에서 적자가 누적된 지 오래됐다. 게다가 친구들과 놀러가서 얼떨결에 지인의 오피스텔을 분양 받은 것이 큰 화근이 되어서 빚이 불어나기 시작했다. 내가 벌린 일인데 내가 해결할 수가 없었다. 나의 무능력함과 무기력함을 절절히 느끼고 있다. 경험도 많고 좋아하는 일이니까 할 수 있을 줄 알았는데 내가 할 수 있는 게 없다는 것을 깨달을 뿐이었다. 하나님께 매달릴 수밖에 없었다. 이 일의 해결을 위해 3일 금식기도를 해야겠다고 작정했다.

나는 베란다에서 기도하기를 좋아한다. 집 안에서 분리되어 가족들에게 방해받지 않을 수 있고, 공기가 신선하여 졸음이 예방되고 또 하늘을 볼 수 있기 때문이다. 하늘을 본다는 것은 하나님의 얼굴을 보는 것 같이 느껴지기 때문이다.

집에서 3일간 금식기도를 시작했다. 가족들 식사를 준비해 주고 정한 시간에 베란다에 나가서 기도하기 시작했다.

한 끼는 견딜 만했다. 두 번째 끼니부터는 밥 냄새가 어찌나 달게 느껴지는지 밥을 퍼줄 때, 밥알 한 개만 입에 넣고 싶은 유혹이 강렬했다. 어떤 때는 나도 모르게 밥알이 입으로 들어갔는데, 그걸 뱉어내는 것이 벽에 박혀 있는 못을 뽑아내는 것처럼 힘들었다. 처음하는 금식이라 그런지 허리가 꺾어지는 것 같고 팔다리에 힘이 빠지고 머리는 멍했다.

금식 2일째 아침, 다리가 후들거리고 정신이 혼미하고

기운이 없었다. 딸애 밥을 차려주고 머리를 빗어 주는데 말할 기운도 없었다. 학교 갈 준비를 다 해 주고 베란다에 나가 앉았다.

복음성가집을 보면서 찬양하는데 첫 날은 쩌렁쩌렁한 목소리 였는네 둘째 날은 간신히 불렀다. 딸애가 빨래 줄에 있는 양말을 가지러 간다고 내 몸을 툭 쳤는데 몸이 푹 쓰러졌다. 허리가 똑바로 세워지지 않아 한 쪽에 쌀자루를 기대어 놓듯 벽에 기댔다.

팔, 다리, 허리가 바람 빠진 풍선처럼 흐느적거리는 몸을 추슬러서 기도하기 시작했다. 우리 집 문제 말씀드리고, 다른 기도도 하고, 교회 학교 기도하며 온 몸에 맥이 풀려 쓰러질 것 같았다. '밥 먹어야 하나', '응급실 실려 가나' 그러면서 기도하면서 비몽사몽 졸았나 하는데 뭔가 휙휙 지나가더니 갑자기 음성이 들렸다.

"이 금식이 너의 터닝포인트가 될 것이다, 빚진 자에서 성령의 사람으로! 이제부터 네 몸의 원동력은 성령이다!" 갑자기 온 몸에 힘이 솟았다. 늘어져 있던 손끝, 발끝까지 감전되듯이 힘이 쑥 들어왔다. 밥 먹은 사람처럼 힘이 나서 신나게 찬양했다. 그런데 그 와중에 의이힌 생각이 들었다. '빚을 갚게 해 주세요'라고 금식 작정기도를 하는데,

빚 갚아 주신다는 말씀은 안 하시고 '빚진 자에서 성령의 사람으로!'라고 하시니 이게 무슨 말씀인가 했다.

금식 3일째 아침 기도를 시작했다.

"하나님, 제 잘못으로 빚을 많이 졌어요. 살려주세요. 더 이상 빚진 자로 살기 싫어요. 빚 갚는 자가 되고 싶어요" 라고 기도드렸다. 주님께서 말씀하셨다.

"너는 사랑에 빚진 자다, 은혜에 빚진 자다."

나는 돈에 대해서 말씀드리는데 주님께서는 사랑과 은혜에 대해서 말씀하셨다. '아, 사랑의 빚 갚는 자가 되라는 말씀이시구나!'라고 생각하며 전도하지 못한 것이 생각났다. 전도 얘기만 나오면 마음이 짓눌리곤 했었다. 나는 내가 온전하고 잘 살아야만 전도할 수 있다고 생각했었다.

금식 첫 날, 중학교 때 교회 친구인 윤상철 목사가 해 준 말이 생각났다. 그날이 마침 학원에서 예배드리는 날이었다.

"내가 온전해져서 전도하려면 평생 전도 못해. 상대가 안 듣는 거 같고 무시해도 그 영은 들어."

그 즈음부터 학원 아이들을 100명 전도해야겠다고 목표를 세우고 주일마다 원하는 아이들을 학원 차에 태워 교회에 가서 예배드리고 점심 먹여서 귀가시키기 시작했다.

야훼께서 자기 백성의 상처를 싸매시며 그 들의 맞은 자리를 고치시는 날에는 달빛은 햇빛 같겠고 햇빛은 일곱 배가 되어 일곱 날의 빛과 같으리라 이사야 30:26

빚이라는 내 삶을 뒤덮은 어둠 속에서 주님을 찾았을 때, 말씀으로 주시는 주님의 약속들은 아무 힘이 없는 것 같았다. 잠시 달빛처럼 어둠 속에서 희미한 위로를 받기도 하지만, 이 말씀이 나를 어떻게 구원하시겠나 했다.

그러나 어둠속에서 말씀으로 위로를 받으며 주님을 찾으며 하루를 살아내고, 일주일을 살아내고, 1년이 10년이 되는 동안 주님의 말씀이 다 이루어졌다. 나의 삶과는 별개인 것 같았던 하나님의 말씀이 내게 양식이 되어, 달빛 같이 여리다고 생각했던 말씀이 햇빛처럼 강한 빛으로 내 삶의 어둠을 쫓아내었다.

내면의 상처가 치유되고 돈으로 살아가던 삶이 성령님의 인도하심에 귀 기울이는 삶으로 바뀌었다. 빚 진 삶에서 나누고 베푸는 삶으로 바뀌었다. 이제는 전도사가 되어 성도들을 위하여 담대히 귀신을 쫓아내며, 병을 고치며, 하나님의 성령으로 살아가는 성도들이 되도록 말씀을 진하고 기도하는 삶을 살고 있다. 성령의 은혜와 능력은 의뢰하는 자에게 일곱 날의 햇빛처럼 점점 더 강하게 역사하신다. 어리석은 한 사람을 하나님의 백성으로 바꾸어 쓰시는 하나님의 은혜가 놀라울 뿐이다.

> 고난 당하기 전에는 내가 그릇 행하였더니 이제는 주의 말씀을 지키나이다 시편 119:67
>
> 고난 당한 것이 내게 유익이라 이로 말미암아 내가 주의 율례들을 배우게 되었나이다 시편 119:71

이 말씀을 직접 경험하고 보니, 하나님의 사람들에게는 모든 고난이 훈련일 뿐임을 알게 되었다. 고난은 죄의 종으로 살던 사람이 하나님의 종으로 거듭나는 죽음 같은 훈련의 과정이다. 믿음이 없던 사람이 믿음의 사람으로 바꾸어 가는 성장과 성숙의 과정인 것이다. 고난을 통하여 살아계신 하나님을 만나고, 말씀이 역사하시는 기적을 체험하게 되니 학원을 망해 먹은 것이 내 일생 가장 큰 축복이 되었다.

8 여의도에서 10년만
훈련받게 해 주세요

신학교 입학하기 전 가을 어느 날 새벽에 꿈을 꾸었다. 나는 큰 건물의 옥상에 서 있었다. 장면이 바뀌어 아이를 업은, 중학교 때부터 만나는 교회 친구에게 그 건물의 방을 하나씩 소개하고 있었다. 각 방에는 선생님과 공부하는 아이들이 있었고, 각 방들은 특화되어 있었다. 꿈에서 깨는 순간, 나도 모르게 '고아원이다!'라고 말했다. 학원도 아니고 고아원이란 생각을 왜 했을까. 문득 깨달아지는 사건이 생각났기 때문이었다.

하나님 아버지 앞에서 정결하고 더러움이 없는 경건은 곧

고아와 과부를 그 환난 중에 돌보고 또 자기를 지켜 세속에
물들지 아니하는 그것이니라 야고보서 1:27

서른살 무렵 어느 날의 큐티 말씀이 가슴에 화살처럼 훅
꽂혔다. 이 말씀이 마음으로 들어오며 나는 통곡했다. '나
결혼도 못 하고 이런 거 해야 하나 봐' 하며 울었다. 친구
들은 다 결혼했고, 나 혼자 남았는데 결혼을 못하게 될까
봐 많이 울며 결혼하게 해달라고 기도했다. '바람피우지
않는 남자와 결혼하게 해 주세요!'라고 베란다에서 새벽
까지 떼를 쓰곤 했다. 그러다가 하나님의 은혜로 33세에
간신히 결혼해서 그 말씀을 다 잊었는데, 뜬금없이 그때
일이 생각나는 것이었다.

이 꿈이 무슨 꿈인가 늘 생각하게 되었고, 기도 중에도
내가 이런 일을 하게 되는 건지 여쭈어보기도 했다.

이 꿈이 마음에서 떠나지 않아 조금씩 부담이 되기 시
작했다. 그러다 짓눌리게 되었다. '하나님, 저 먹고 살기도
힘든데 제가 이런 거 해야 하는 건가요?'라고 질문을 하
며 다니던 어느 날이었다. 출근하여 학원 문을 여는 순간
주님의 껄껄 웃으시는 듯한 음성이 들렸다.

'네가 하는 게 아니다, 동역자가 있다!'

주님의 이 음성을 듣는 순간 마음의 짐이 사라졌다.

'그렇지. 내가 하는 게 아니지. 나 같은 게 무슨 능력이 있어 이런 일을 하겠어 하하하'

그러나 이 꿈은 내 삶의 방향이 어디로 가야 하는지 이정표가 되었다. 이 꿈이 주님이 이루실 일이라면 주님께서 쓰실 만한 준비가 되는 건 나의 일이다.

이때부터 '주님께서 쓰실 수 있게 저를 고쳐 주세요, 새롭게 해 주세요!', '이 일을 주님께서 저를 통해 이루실 거면 여의도에서 10년만 훈련받게 해 주세요!'라고 기도하기 시작했다.

이 기도는 여의도순복음교회 전도사 합격으로 응답받았다. 신규전도사가 되어 사역하는 중에, 그때 주신 말씀의 '고아'가 30살에 생각했던 의미와는 다르다는 말씀을 다시 주셨다.

야훼께서 예루살렘을 세우시며 이스라엘의 흩어진 자들을 모으시며 상심한 자들을 고치시며 그들의 상처를 싸매시는 도다

그가 별들의 수효를 세시고 그것들을 다 이름대로 부르시는 도다 시편 147:2-4

하나님에게서 흩어진 자들은 다 '고아'이며, 하나님은 그들을 하나님의 품으로 모으기 원하신다. 하나님은 자녀들의 상심한 마음을 고치고 그 상처를 싸매기 원하시며, 한 사람 한 사람 이름을 부르며 교제하기 원하신다. 온 인류를 향하신 하나님의 이 애통한 마음이 훅 들어와서 30살의 나는 그렇게 통곡했던 것이다. 뭔지 설명할 수 없는 아픔으로 가슴이 찢어질 것 같아 그날 종일 마음이 아팠는데, 주의 종이 되고 나서야 그것이 하나님의 부르심인 걸 알았다. 나를 통해 이 일을 하기 원하신다는 부르심인 것을 늦게서야 깨달았다.

30세의 내가 주의 부르심이 뭔 지도 모르고 두려운 마음에 결혼하겠다고 부르짖으니 결혼하게 하시고, 45세에 기어코 주의 종으로 부르시는 하나님의 신실하심에 엉엉 울었다. 말씀을 깨닫지 못하는 미련한 내게 때를 따라 말씀을 주시며, 성장하기를 기다리시는 하나님의 사랑이 보잘것 없는 나에게 오셨다는 사실이 기적이고 은혜이다.

부르심을 따르기 두려워 순종 못하고 큰 어려움의 시기를 겪었으나, 주의 종이 되고 나니 성령님의 인도하심과 기름 부으심의 은혜가 얼마나 놀라운지 날마다 감사와 기쁨이 넘치는 사역이었다. 순종하기 전에는 상상할 수 없었던 은혜와 복이 순종하고 나니 부어졌다. 하나님은 말씀하신 것을 반드시 이루시는 분이며, 기도는 반드시 응답된다. 주님의 보여 주심에 순종하기 위해 여의도순복음교회에서 십 년만 훈련받게 해달라는 기도는 내가 55세에 은퇴함으로 성취되었다.

9 네가 무엇인데 사람을 판단하느냐

3월 신학교 입학을 앞두고, 2월에는 학원을 인수할 사람을 찾아야 했다. 벼룩시장에 광고를 냈는데 보러 오는 사람이 없었다. 마음이 타들어갔다. 신학교에 입학하면 새벽기도회가 있고, 학원은 고등학생들이 있어서 당시 마지막 수업은 밤11시가 되어야 끝나기 때문에 두 가지를 병행하기는 어려웠다. 다른 학원들은 어떻게 광고를 냈나 봤더니, 무료로 학원을 주겠다는 광고들이 눈에 띄었다. 작은 학원들이 경영난을 견디지 못하고 문을 닫고 있었던 것이다. 나도 그들 흉내를 내서 무료로 주겠다고 광고를 냈다. 참 기가 막힐 노릇이다. 공사중인 새 건물을 계약해서 인테리어와 소품 하나하나 내 손으로 직접하며, 힘들어서 울기도 했던 6년의 수고와 땀과 눈물이 배인 학원을 무료로 넘기는 광고를 해야 하는 상황이 되다니 너무 기가 막혔다.

3월을 하루 앞둔 2월 28일 오후에 수업 중인데 한 남자가 학원으로 들어와서 훑어보더니 사무실에 발을 꼬고 앉았다. 본인은 부천시 학원총연합회 총무를 했던 사람이고 학원을 크게 했었다며 자기를 소개했다. 그러다 쉽게 돈을 많이 벌 생각으로 학원을 정리하고 〈바다 이야기〉라는 성인오락실을 하다가 망해서 다시 학원을 시작하려고 한다고 했다.

아이들을 가르치는 사람이 돈 벌겠다고 성인오락실을 했었다는 게 당시 나로서는 이해되지 않았다. 비록 학원이지만 아이들을 좋아하고, 수학 성적이 오르면 아이들은 자신감이 생겨서 공부에 재미를 느끼게 되고 타과목 성적도 오르는 현상이 나타나곤 했다. 그런 아이들에게 꿈이 생기고 자신감이 생겨서 인생관이 바뀌게 되는 것을 보람으로 느끼던 나는 그 사람에게 좋은 마음이 들지 않았다.

간혹 어떤 사람들은 학원을 인수해서 학생들을 모은 후에 권리금을 받고 되파는 사업을 하기도 했다. 그런 사람은 교육자가 아니라 장사꾼이라고 생각해서 학원하는 사람으로서 부끄럽게 생각했는데, 이 사람도 그런 사람인가 하는 의심이 들었다. 점입가경인 것은 인테리어 및 시설비만 3000만 원 정도 들었고, 학생들도 수십 명이 있었는데 정말 무료로 받을 생각이었다. 아무리 무료로 내놓았지만, 일반적으로 시설비는 안 받아도 학생 수를 고려해서 적당한 권리금을 주고받는 것이 상도덕이다. 수년 간의 수고에 대한 예의인 것이다. 그런데, 그 사람은 '나 아니면 인수받을 사람이 없을걸요!' 하는 것이었다. 학원을 넘기지 못하면 시설을 원상복구하는데 몇백 만 원이 들 테니 나한테 넘기라고 하는데 강도같이 느껴져 불쾌하기 짝이 없었다. 며칠 후, 부인이라는 사람이 전화를 해서 100만 원을 주겠다고 했다. 나는 거절했다.

근처에서 학원을 하고 있던 남동생도 한 마디 보탰다. 학원연합회에서 그 사람을 겪어봤다며, "누나, 그 사람한테 인계하면 학부모들에게 욕많이 먹을 거야!"라는 것이었다. 그 말에 위로를 받으며, 학생들에게 잘해 줄 사람에게 넘겨야 지금까지 쌓아온 학부모들의 신뢰에 떳떳할 것 같았다.

예상대로 신학교 수업을 들으면서, 집에서 거리가 좀 있는 학원 수업을 같이 하는 건 무척 힘들었다. 이 시기는 이미 파산 직전이었기 때문에 학원 수업을 해도 내가 가져갈

생활비는 거의 없었다. 한달 수강료를 받아서 임대료와 강사 월급을 지불하고 부수적인 비용들을 처리하고 나면, 손에 쥐는 것이 얼마 안되었다. 대출이자와 오피스텔 투자하느라 받은 대출 등이 겹쳐서 지출은 많은데 수입은 너무 못 미쳐서 자꾸 빚이 늘어가는 시기였다. 마치 건물주를 위해 노예 생활을 하는 것 같아 너무 힘든 시간을 보내게 되었다.

그러던 어느 날, 어머니가 집에 오셨다. 식사를 하고 베란다에서 차를 마시다가 어머니가 그때 일을 말씀하셨다.

"그때, 너 그 사람에게 왜 학원을 넘기지 않았니?"

공부하랴 일하랴 살림하랴 힘든 나를 누구보다 잘 아시기에 안스러워 하시는 말씀이었다. 나는 그때 일을 자세하게 말씀드렸다. 자초지종을 다 들으신 어머니가 "그래, 잘했다. 역시 내 딸이야!"라고 말씀하시는 도중에 벼락같은 소리가 내 내면에 울렸다.

"네가 무엇이기에 사람을 판단하느냐?"

기절할 듯 놀랐다. 대낮 대화 중에 하나님의 음성이 들리는 것도 놀라운데, 주님의 음성에 노기가 있어서 더 깜짝 놀랐다.

저녁에 차분히 주님께 질문했다.

'주님, 그 사람은 강도 같았어요. 그런 사람에게 어떻게

애들을 넘겨요?'

기도 중에 주님은 조용히 말씀하셨다.

'그는 내가 훈련시킬 것이다.'

나는 나름대로 그 사람을 정확히 보고 판단했다고 생각했다. 그러나 하나님의 생각은 다르시다는 것을 알았다. 사람들은 사람의 겉모습 한 부분을 보고, 평판을 듣고 판단하지만, 하나님은 각 사람을 향한 계획을 가지고 계시다. 사람은 사람을 분별할 필요가 있지만, 판단할 자격은 없다는 것을 알게 하셨다.

> 입법자와 재판관은 오직 한 분이시니 능히 구원하기도 하시
> 며 멸하기도 하시느니라
> 너는 누구이기에 이웃을 판단하느냐 야고보서 4 : 12

그 해, 9월말이 되어서야 다른 사람에게 결국 100만 원을 받고 학원을 넘겼다. 그동안, 몸은 몸대로 고생하고 700만 원의 빚이 더 늘었다. 사람이 사람을 판단할 자격이 없다는 말씀을 배우는데 700만 원이 들었다. 뼈저린 아픔이었지만, 이 사건은 사역하는 내내 성도들을 편견 없이 대할 수 있는 귀한 공부가 되었다.

10 주님, 저를 불행 속으로 던져 주세요

초등학교 6년 동안 직업군인이었던 아버지를 따라 강원도 전방을 이동하면서 살았다. 초등학교 5학년 때는 원주에서 살게 되었다. 당시는 해마다 6.25를 기념하여 반공 웅변 대회가 있었다. 아버지는 원고를 써 주었고, 연습을 시켜주셨다. 휴일에는 앞 산에 올라가서 연습하라고 하셔서 사람들 눈에 띄지 않으려고 아침 일찍 산에 올라가 먼 산을 향하여 목청껏 연습했다.

웅변 대회 날, 나의 목소리는 굵은 쉰 목소리가 났다. 열심히 연습한 덕인지, 군인 아버지의 원고 덕인지, 학교 대표로 뽑혀서 원주 시 대회에 나가게 되었다.

어린 시절에 집에서 부르던 나의 이름은 혜정이였는데, 또 한 명의 혜정이와 둘이서 학교 대표로 반공 웅변 대회에 출전하게 되었다. 또 한 명의 혜정이 아버지는 우리 학교 교무 주임 선생님이었다. 원주 시 대회에 내보내기 위해 학교에서는 담당 선생님을 정하고, 방과 후에 두 명의 혜정이를 연습시켰다.

대회 며칠 전에 담당 선생님은 나에게 새 옷을 사 입으라고 하셨다. 늘 초라한 내 모습이 신경쓰이셨던 것 같다. 대회 당일 어머니가 시장에서 전날 사다 주신 새 셔츠의 소매가 짧아서 툴툴거리며 학교에 갔다. 반에서 미술 수업도 하고, 불 주사도 맞으며 종일 기다려도 담당 선생님이 나를 데리러 오지 않았다. 수업이 다 끝났는데도 나를 데리러 오지 않았다. 쭈뼛쭈뼛 늘 연습하던 교실에 가보니 담당 선생님이 있었다. 나 대신 학교 선생님 딸인 혜정이가 대회에 나갔다고 했다.

너무 일찍 어른들의 위선의 세계를 들여다 본 나는 예민하고 회의적인 성격으로 자랐다. 아버지로부터 받은 상처가 더해져서 나의 십대와 이십대는 늘 마음에 주먹을 움켜쥐고 살았다. '순수하게 살자!', '세상과 타협하지 말고 살자!'가 나의 십대와 이십대의 좌우명이었다. 늘 마음속으로 외치며 살았다. 나는 나의 이런 삶의 각오를 가장 잘 표현할 수 있는 직업이 시인이라고 생각했다. 시에 대한 관심은 고2 때 단짝 친구인 지희로부터 시작되었다. 대학생 언니와 수학 선생님인 큰 언니를 둔 지희는 내가 모르는 조숙함이 있었다. 두툼한 노드에 언니들이 읽을 만한 좋은 시들을 적어서 내게 선물했다. 처음 보는 시의 매력에 흠뻑 빠지게 되는 계기가 되었다.

시인으로 살기로 작정하고, 생활을 위해서 학원 강사 일을 직업으로 선택했다. 대학교 평생교육원에서 시 공부를 할 때 당시 강사님으로부터 들은 말이 있다. 상처 받은 마음을 위로하는 시를 쓰려면 이혼도 해 봐야 한다라는 것이다. 상처 받은 마음은, 같은 상처를 가진 사람만이 알 수 있고 또 위로가 될 수 있다는 뜻이었을 것이다.

시 습작을 하면서 나는 나의 무지함에 답답함을 많이 느꼈다. 삶의 경험이 너무 없어서 마흔쯤 되어야 시를 쓸 수 있겠다는 막연한 생각도 해보았다. 빨리 등단해야겠다는 조급함도 있었다. 시에 온 마음을 다 쏟으며 살던 20대 후반에 나는 하나님 앞에 무모한 기도를 드리기 시작했다.

'하나님, 상처받은 심령을 위로할 수 있도록 불행 속으로 저를 던져 주세요.'

영혼을 어루만지는 시를 쓰고 싶은 강력한 열정에 사로잡혀 이렇게 부르짖었다. 새벽까지 시를 쓰면서 매일 기도했다.

오랜 세월 후에 주의 종이 되고 나서, 사람이 하나님의 은혜 없이는 살 수 없고, 하나님의 축복 없이는 행복할 수 없다는 삶의 비밀를 알고 나니, 얼마나 겁없는 기도를 드렸었나 싶어 등골이 서늘해진다. 그러나 나보다 크신 하나님은 그 기도에 담긴 나의 중심을 아시고 훈련시켜 사용해 주고 계시다. 내가 받아온 상처들이 그리고 영혼을 어루만져 위로하고자 하는 열망이 타인의 아픔에 민감하게 공감하는 마음으로 자라 사역에 잘 적용하고 있다. 내 기도대로 시로써 위로하는 재능은 없지만, 주의 종으로서 말씀으로 위로하며 살게 하시니 기도는 응답된 것이다.

무모한 기도를 할 정도로 시에 큰 열망을 품고 등단했지만, 시에는 구원이 없다는 것을 알고 나니 시들해졌다. 게다가 가장 순수하고 깨끗한 사람들일 거라고 생각했던 시인들의 술문화가 나와 맞지 않았다. 나보다 더 나를 잘 아시는 하나님께서는 세상과 타협하지 않는 순수한 삶의 본질인 하나님을 향해 살도록 인도하셨다. 그리고 내가 구한 것보다 더 좋은 것 곧 사람의 언어가 아닌 하나님의 말씀으로 공급되는 영원한 생명의 은혜와 기쁨으로 성도들의 영혼을 어루만지게 하시니 신묘막측하신 하나님께 감사할 뿐이다.

하나님이 자기를 사랑하는 사들을 위하여 예비하신 모든 것은 눈으로 보지 못하고 귀로 듣지 못하고 사람의 마음으로 생각하지도 못하였다 함과 같으니라 고린도전서 2 : 9

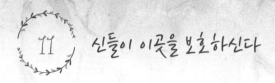

11 신들이 이곳을 보호하신다

누적된 생활비 적자와 대출이자 부담으로 돌려막기가 불가능해진 시점에 빚은 눈덩이처럼 몇 달새에 갑자기 불어나 나의 혼을 짓눌러왔다. 매일 걸려오는 카드 독촉 전화와 각 은행에서 걸려오는 전화로 나는 미쳐버릴 지경이었다. 죽고 싶었다. 같이 학원을 하다 학원을 접었으니 남편에게서 뭔가를 기대할 수도 없었다. 내가 벌인 일이니 내가 모두 해결해야 했다.

귀인들을 의지하지 말며 도울 힘이 없는 인생도 의지하지
말지니 시편 146:3

이 말씀이 아니어도 아무리 둘러봐도 나를 도와줄 사람이 없었다. 친정은 부모님의 이혼 후 양쪽으로 나뉘어진 재산이 몇 년 사이에 다 없어졌다. 시아버지께 도움을 청했으나 "나는 못한다"라고 한 마디로 거절하셨다. 처음엔 섭섭했으나 세월이 지나면서 그 거절이 너무 감사했다. 그때 냉정하게 거절받았기에 내가 일어설 수 있게 되었기 때문이다.

너무 두렵고 무서웠다. 혼자 절벽에 서 있는 것 같았다. 내가 죽으면 나오는 보험금으로 해결이 될 거 같았다. 친정 어머니와 남편 앞으로 유서를 써서 지갑에 넣고 몇 달을 다녔다. 스스로 죽을 수 없으니까 교통사고라도 나서 죽었으면 했다. 모든 빚을 계산해 보니 집을 팔아서 갚으면 2,000만 원이 남을 거 같았다. 집을 팔아서 빚을 갚고 원점에서 다시 시작하는 것이 그리스도인으로서의 태도라고 생각했다.

부동산에 집을 내놨다. 당시는 부동산 경기가 얼어 붙어 있던 시기라 보러오는 사람이 없었다. 그런데 이 문제를 놓고 기도하면 웬지 마음이 평안했다.

지존자의 은밀한 곳에 거주하며 전능자의 그늘 아래에 사는
자여,

나는 야훼를 향하여 말하기를 그는 나의 피난처요 나의 요
새요

나의 의뢰하는 하나님이라 하리니

이는 그가 너를 새 사냥꾼의 올무에서와

심한 전염병에서 건지실 것임이로다

그가 너를 그의 깃으로 덮으시리니

네가 그의 날개 아래에 피하리로다

그의 진실함은 방패와 손 방패가 되시나니

너는 밤에 찾아오는 공포와 낮에 날아드는 화살과

어두울 때 퍼지는 전염병과

밝을 때 닥쳐오는 재앙을 두려워하지 아니하리로다

천 명이 네 왼쪽에서,

만 명이 네 오른쪽에서 엎드러지나

이 재앙이 네게 가까이 하지 못하리로다 시편 91:1-7

주님께서는 내가 살고 있는 집은 세상의 집이 아니라 지
존자의 그늘이라고, 낮에 화살처럼 날아드는 은행 전화와
밤이면 닥쳐오는 공포와 내일에 대한 두려움에서 지켜주

시겠다고 말씀해 주시는 것 같아 평안해졌다. 그러나 현실을 보면 빚을 갚지 않고는 살 수 없을 거 같았다. 기도하면 집을 지켜주실 것 같은 평안을 주셔서 매매를 취소했다가 또 현실을 보면 팔아야만 해결이 될 것 같아 다른 부동산에 내놓았다.

하루에도 열두 번씩 마음이 믿음과 두려움을 오고 가는 갈등이 계속됐다. 신학공부가 아니었으면 견디기 힘든 시간들을 보냈다. 공부하며 은혜받고, 책 읽고 리포트 쓰고, 시험 보며 그때 그때 일정에 마음을 쏟으며 견디어나갔다. 나는 두려운 마음을 하나님께 쏟으며 나아갔다. 매일 기도했다. '하나님께 저를 던집니다. 제 생명을, 제 삶을 하나님께 던집니다. 하나님밖에 방법이 없습니다' 하루 하루가 물 위를 걸어가는 것 같았다. 두려움에 물 속으로 끌려 들어가는 것 같이 다리에 힘이 풀리곤 했다.

> 네가 물 가운데로 지날 때에 내가 너와 함께 할 것이라
> 강을 건널 때에 물이 너를 침몰하지 못할 것이며
> 네가 불 가운데로 지날 때에 타지도 아니할 것이요
> 불꽃이 너를 사르지도 못하리니 이사야 43:2

그런 날들이 계속되면서 웬지 모를 담대한 마음이 조금씩 생기기 시작했다. 빚을 청산하고 다시 시작해야겠다는 기본 생각은 변함이 없으나 생각이 구체화되기 시작했다. 빚을 청산하고 남은 2000만 원짜리 전세나 월세에서 다시 시작한다면 초등학교 4학년이 된 아이를 데리고 2년마다 이사하며 평생 떠돌아다녀야 할 생각을 하니 끔찍했다.

내 어린 시절 초등학교 6년 동안 직업군인인 아버지를 따라 전방으로 8번의 이사를 다니느라 친구를 진득하게 사귀는 걸 배우지 못했다. 그래서 나는 늘 주님께 '제 아이는 한 군데서 키울 수 있게 해 주세요!'라고 기도했었다. 그 기도에 응답해 주셔서 남편이 결혼 전에 사둔 집에서 아이를 낳고 초등학교 입학 전에 하나님의 인도하심으로 적은 돈을 보태서 좀 넓혀 이사를 했다.

그 은혜가 얼마나 감사한 지 밤늦도록, 어떤 때는 새벽 일찍 나 혼자 거실에 앉아 하나님께 감사와 감격의 기도를 드리던 집이었는데, '평생 여기서 살고 싶어요'라고 기도하던 집이었다. 초등학교, 중학교, 고등학교가 옆에 있어서 한 집에서 아이를 키우고 싶다던 기도 제목이 성취된 그런 집이었다. 내게 꼭 맞춰주신 이 집에서 떠나 어디를 떠돌아야 하나 막막했다.

그러던 차에 세무서에 갔다가 새로운 사실을 알게 되었다. 채권자가 채무자의 채무 변제를 요구할 때 2,000만 원은 건드릴 수 없다는 것이다. 아마도 채무자의 기본 거주비를 책정한 조항인 것 같았다. 이 사실을 알고 나니 배짱이 생겼다. 집을 팔든 안 팔든 2,000만 원은 보장되기 때문이다.

집 문제를 주님께 맡기고 몇 달째 기도하던 어느 날 새벽에 꿈을 꾸었다.

내가 펼쳐진 책을 보고 있는데 책이 점점 확대되어 나에게 다가오는데 한 줄의 글씨가 눈에 확 들어오면서 잠이 깼다. '신들이 이곳을 보호하신다.'

'신들'이란 '우리'라고 표현하셨던 삼위의 하나님을 표현하신 듯했다. 기도할 때마다 평안을 주시는데도 두려워하고 방황하는 내가 미련하고 어리석어 너무 못 깨달으니 꿈을 통해 보여 주셨다는 생각이 들었다.

너와 이 성을 앗수르 왕의 손에서 건져내겠고 내가 또 이 성을 보호하리라 이사야 38:6

오래된 일기장을 뒤적이다 이미 몇년 전에 하나님께서 집에 대하여 꿈으로 보여 주셨던 기록을 발견했다. 2006년

4월에 서원을 갚기 위해 교회학교 고등부 교사에 자원한 며칠 후였다. 두 개의 꿈을 이틀 연속으로 보여 주셨다.

첫 날은 내가 살고 있는 이 집이 새까맣게 다 타버리는 꿈이었다. 침착하고 냉정하게 귀중품을 챙겨서 딸을 데리고 나가는 꿈이었다. 다음날은 처음 보는 아름다운 집에서 장로 손녀였던 교회 친구에게 자랑하는 꿈이었다. 두 개의 계단이 엇갈려 이층으로 연결된 크고 아름다운, 햇살이 환하게 들어오는 집에서 내가 집의 방향을 이렇게 (하나님을 향하여) 바꾸었더니 집이 환하게 밝아지고 아름다워졌다고 몇 번이나 자랑하는 꿈이었다. 당시는 단순히 '하나님을 향하여 살라는 말씀이구나'라고 생각했었다. 이 모든 일을 다 지나고 보니, 나는 이미 잊어버려서 놀람과 두려움으로 긴 시간을 견뎌내야 했지만 주님께서는 수년 전에 미리 보여 주시고 마음을 준비하여 놀라지 않게 하셨던 것을 깨달을 수 있었다. 신용회복위원회를 통해 빚을 다 갚도록 인도해 주셨고, 집도 지켜주셨다. 하나님의 섬세하고 자비로운 은혜가 신기하고 놀랍다.

이제 일이 일어나기 전에 너희에게 말한 것은 일이 일어날 때에 너희로 믿게 하려 함이라 요한복음 14 : 29

12 내가 너를 위하여 이렇게 아팠다

많은 빚을 지고 학원을 접게 된 후에 가장 마음 아팠던 것은 돈을 잃었다는 것이 아니었다. 물론 큰 빚이 말할 수 없는 두려움에 떨게 했던 것은 사실이었지만, 그 두려움은 하나님께서 구원해 주실 거라는 믿음이 자라는 정도에 비례해 조금씩 옅어져 갔고, 반드시 빚진 자에서 빚 갚는 자로 180도 바꾸고야 말겠다는 각오도 자라고 있었다.

그러나 딸의 어린 시절을 희생시켰다는 것이 너무나도 마음이 아팠다. 학원을 하는 6년 동안 아이에게 맞춰주지 못했고 내 일에 아이를 끌고 다닌 결과가 좋지 않게 끝나니 견딜 수 없이 괴로웠다. 사실 학원을 하게 된 중요한 동기 중 하나가 딸이었기 때문이었다.

딸애가 5살 때, 학원 강사로 일하고 있었다. 나는 고등부 수업이 있어서 밤 11시에 수업이 끝나곤 했다. 그런 이유로 평소에 8시쯤 퇴근하는 남편이 어린이집에서 아이를 데리고 귀가하곤 했었다.

어느 날, 남편이 회사 회식으로 아이를 데리러 갈 수 없다고 해서 내가 수업 후 밤11시 넘어서 아이를 데리러 갔다. 어린이집 문을 여니, 어둑한 로비의 미끄럼틀에 딸 아이가 혼자 우두커니 앉아 있었다. 원장님과 가족들은 방에 들어가 있었다.

불 꺼진 어둠 속, 방에서 흘러나오는 불빛만 희미한 가운데 혼자 앉아 있는 딸아이를 보는 순간, 누구를 향한 건지도 모를 분노가 치밀어 올랐다. 너무나 속상해서 내 아이는 내가 데리고 있어야겠다는 각오로, 무작정 대출을 받아 학원을 시작하게 된 것이었다.

학원에는 아이를 위한 공간도 만들었다. 따뜻한 방과 음식을 해먹일 수 있는 시설과 TV도 설치했다. 아이는 강의실에서 의자 하나 하나에 인형을 하나씩 앉혀놓고 칠판에다 분필로 뭔가를 써서 설명하며 내 흉내를 내곤 했다.

아이와 함께 있는 시간이 늘어난 것은 사실이지만 나름

대로의 고충은 또 있었다. 함께 있어도 수업이 시작되면 아이는 또 혼자 방치되는 것이었다. 저녁에는 퇴근하는 남편이 아이를 데리러와 9시쯤 돼서 버스를 타고 귀가하게 되었다. 피곤한 남편에게도 딸에게도 내 마음은 늘 안타깝고 미안했다.

나는 내가 하고 싶던 일을 하다가 실패했으니, 다 정리하고 단칸방에서라도 다시 시작하면 되지만 딸 아이의 잃어버린 6년의 시간을 어떻게 보상할 수 있단 말인가. 어디가서 천만금을 줘도 사올 수 없는 그 시간들, 엄마 노릇을 제대로 못한 나를 용서할 수 없도록 허무하고 마음이 아팠다. 몇 달 동안 예배 시간마다 울며 주님 앞에 아픈 마음을 쏟아내곤 했다.

신학교 4학년 봄이었다. 개척한 선배의 교회에 전도 지원팀으로 참석하게 되었다. 전도 활동 전에 먼저 예배를 드렸다. 전도 준비며 식사 준비할 때도 웃고 즐겁게 했는데, 예배 시간이 되어 주님 앞에 앉으니 또 뜨거운 눈물이 쏟아졌다. 딸 아이를 생후 10개월부터 어린이집에 맡겨야 했던 나의 상황과 엄마 노릇을 제대로 못한 것이 너무나 마음 아파 칼로 가슴을 찌르는 듯 괴로웠다.

'주님, 너무 아파요. 너무 아파요, 너무 아파요.'

성전 맨 뒤에 앉아, 얼마나 마음이 아프고 서럽던지, 무슨 찬양을 하는지, 무슨 설교를 하는지 들리지 않고 주님 앞에 뜨거운 눈물을 쏟아내며 통곡했다.

그러던 어느 순간, 주님의 음성이 들렸다.

"내가 너를 위하여 이렇게 아팠다."

예수님의 음성이 들리는 동시에, 딸애에 대한 애달픈 마음은 어디론가 사라지고 두 손바닥과 두 발목에 못이 박히는 것처럼 아팠다.

'내 죄 때문이구나. 내 죄 때문에 예수님이 죽으셨구나'

'내 죄 때문에 남편 고생시키고, 딸애를 희생시켰구나'

내가 내 자식 때문에 아파서 울고 있던 그 순간에 예수님은 주님의 자식인 나 때문에 이렇게 아팠다고 말씀하신 것이다. 그때서야 내 죄 때문에 예수님이 돌아가셨다는 것이 알아졌다. 40이 넘도록 머리로만, 지식으로만 예수님이 나를 위해 죽으셨다고 믿었다는 것을 비로소 알았다. 주님의 음성을 듣는 순간, '내 죄 때문에 예수님이 죽으셨다'는 사실이 마음으로 훅 들어왔다.

"너는 사랑에 빚진 자다, 은혜에 빚진 자다"라고 처음 금식할 때 주셨던 이 말씀이 바로 이거였구나 하는 깨달음이 왔다. 나는 끊임없이 세상의 일을 말씀드렸고, 주님은 계속해서 영의 일을 말씀해 주셨던 것이다.

예수님의 음성 앞에서 내가 느낄 수 있는 건 딱 한 가지였다.

'내가 죄인이구나'

내 마음의 발이 땅에서 뚝 떨어졌다. 남편도, 딸도, 재물도 내게서 떨어져 나가는 것이 느껴졌다. 오직 예수님만 보였다. '예수님이 내 죄 때문에 이렇게 아프셨구나', '예수님, 이 죄인을 구원해 주셔서 감사합니다. 감사합니다'라는 고백만이 나왔다.

> 내가 그리스도와 함께 십자가에 못 박혔나니 그런즉 이제는 내가 사는 것이 아니요 오직 내 안에 그리스도께서 사시는 것이라 이제 내가 육체 가운데 사는 것은 나를 사랑하사 나를 위하여 자기 자신을 버리신 하나님의 아들을 믿는 믿음 안에서 사는 것이라 갈라디아서 2:20

이때부터는, 남편과 딸아이에 대한 미안함과 잃어버린 재물에 대한 아쉬움도 없어지고 세상일에서 마음이 떠났다. 먹고 싶은 것도 없고, 입고 싶은 것도 없고, 하고 싶은 것도 없었다. 오직 예수님만 생각나서 눈물이 났다. '세상과 나는 간 곳 없고 구속한 주만 보이도다'의 삶이 시작되었다. 역설적이게도 내 인생에서 가장 끔찍한 불행이 예수님을 만나는 가장 놀라운 순간으로 바뀌었다. 주의 종이 된 나는 이 세상에서 가장 행복한 사람이다.

> 이스라엘이여 너는 행복한 사람이로다
> 야훼의 구원을 너같이 얻은 백성이 누구냐
> 그는 너를 돕는 방패시요 네 영광의 칼이시로다
> 네 대적이 네게 복종하리니 네가 그들의 높은 곳을 밟으리
> 로다 신명기 33:29

나는 내 인생을 쏟아부을 무언가를 늘 갈망하며 살아왔다. 그것이 무엇인지 몰라 내 마음은 어디에도 정착하지 못하는 바람같이 떠돌았다. 그 대상이 20대에는 시인 줄 알았으나 29세에 시인이 되고 보니 시에는 구원이 없다는 걸 알았고, 결혼 적령기에는 그 대상이 남자인 줄 알았는데 결혼해 보니 아니라는 걸 알았다.

죽은 것 같이 되었던 절벽 끝에서 주님의 음성을 들었을 때, 내가 사는 동안 내내 갈망해 온 그 대상을 마침내 만났다는 걸 알게 되었다. 드디어 내 생각과 마음과 삶을 주저

함 없이 쏟아부을 대상을 찾았다. 그것은 바로 길이요 진
리요 영원한 생명이신 예수 그리스도였던 것이다. 이 기쁨
을 어떻게 표현할 수 있을까.

하늘에서는 주 외에 누가 내게 있으리요

땅에서는 주 밖에 내가 사모할 이 없나이다 시편 73:25

13 회개하라 천국이 가까이 왔다

2010년 5월 1일에 안산 성전으로 발령을 받았다. 첫 사역지에 대한 기대감을 안고 성도들을 만났다. 성도들은 '안 산다, 안 산다 하면서 사는 곳이 안산이에요'라고들 했다. 그 말을 통해 어렵고 힘든 생활을 하는 분들이 많은 곳이라고 짐작하게 되었다. 그러나 어려운 삶 가운데에서 신실한 믿음의 성도들을 통해 하나님의 손길을 많이 만난 곳이 안산이었다.

사역 첫 번째의 새 생명 축제가 다가오고 있었다.

'하나님, 어떻게 전도할까요?'

주님께 질문하며 기도로 나아갔다.

'회개하라, 천국이 가까이 왔다!'라고 새벽에 잠에서 깨는 순간 말씀을 주셨다. 예수님께서 처음으로 사역하시면서 전하신 말씀이었다. 늘 그 말씀을 품고 매주 전 성도와 함께 노방 전도도 하고, 지역별로 전도대상자 심방도 다녔다.

이 때부터 예수께서 비로소 전파하여 이르시되 회개하라

천국이 가까이 왔느니라 하시더라 마태복음 4:17

선부시장 가는 길 왼편으로 있던 오래된 연립 주택의 재건축이 완성되어 12월부터 입주가 시작되었다. 동명아파트 입주가 시작됐다기에 입주자들을 위한 전도를 해야겠다고 마음 먹었는데 벌써 두 개의 교회가 전도 텐트를 쳐놓은 것을 보았다. 우리 교회도 서둘러서 아파트 관리소에 기부하고 전도 텐트를 하나 칠 수 있었다.

2개의 교구가 오전, 오후로 나누어 자리를 지키고 입주자들을 위한 선물을 준비했다. 우리 교구도 각 동을 담당할 지역을 짜고 매일 동 전체를 돌기로 했다. 총무 권사는 난로에 불을 지피고 뜨끈한 오뎅국을 한 들통 준비하고, 지역 식구들은 각자 맡은 동으로 가서 한 집 한 집 심방했다. 이

사 온 가정은 선물을 드리고 교회 안내도 해드렸다. 빈 집은 문에 손을 대고 이사 올 가정이 구원받기를 기도했다.

한 동을 도는 데 빈 집이 많아 한 시간도 안 걸렸다. 돌고 오면 텐트에서 전도지도 접고 따끈한 오뎅으로 추위도 녹이면서 즐거운 시간을 가졌다. 일이 있어서 못 오는 분들도 있었다. 그날 그날 올 수 있는 성도들이 와서 텐트 사용 마감일까지 한겨울 한 달 반을 전도 텐트를 지켰다. 그리고 새 생명 축제일이 되었는데 정작 동명 아파트에서 온 새신자는 없었다.

그런데 6월 말까지 새신자들이 여러 경로를 통해 교구에 계속 등록을 하는 것이었다. 새신자 심방 다니고 전도 대상자 심방 다니며 바쁘게 지내는가 싶었는데, 안산 성전이 2011년 지성전 전도 1등을 했다는 기쁜 소식을 듣게 되었다.

이 일을 통해 영혼 구원을 위해서 순종하며 자리를 지키면 그곳에서 열매 맺지 못해도 하나님께서는 다른 경로를 통해서라도 열매 맺게 하신다는 걸 배웠다. 크게 힘들지도 않았고, 즐겁게 했는데 추운 겨울에 전도 자리 지킨 걸 하나님께서 기뻐하셨나 보다고 교구 성도들과 함께 위로받았다.

이 시대는 노방 전도는 열매가 없다고 한다. 전도하기 어렵다고도 한다. 그러나 노방 전도와 관계 전도 모두 열매는 순종하는 사람들을 통해서 일하시는 하나님의 주권에 있다는 걸 체험한 귀한 경험이 되었다.

해가 바뀌어 봄이 왔을 때, 대학원 공부를 계속해야 하는지 심각한 고민이 되었다. 신학교 편입한 이력으로 사역을 감당하기엔 내 스스로 부족함을 너무 잘 알기 때문이었다. 하루는 저녁에 '하나님, 저 대학원 갈까요?'라고 여쭈어보고 잤다. 다음날, 새벽 꿈에서 깨며 눈을 떴다. 가슴이 서늘했다.

끝없이 넓은 들판에 모든 밭이 다 추수되고 밭 한 뙈기가 남아 있었다. 알곡이 거의 다 익어 추수가 임박한 보리밭이었다. 정신이 확 깼다. 지금이 마지막 시대라는 말이 가슴에 부딪쳤다. 나는 주님 앞에 무지한 어린아이와 같은데 지금은 공부가 문제가 아니라는 생각이 들었다. 농번기에는 아이들도 학교에 가지 않고 추수일을 도와야 한다. 마지막 추수가 임박했다는 주님의 메시지인 것 같아 열심히 전도해야겠다고 다짐했다. 주의 자녀들을 가르칠 말씀은 주님께서 직접 주실 것이라는 믿음으로 전도에 집중해야겠다고 각오를 새롭게 하였다.

낯을 든 귀신을 만나다

안산 성전은 선부동에 위치해 있다. 오래 전에는 번화한 유흥 지역이었다고 한다. 술집과 음식점들이 많이 있고, 안산 성전(현재는 여의도순복음 신안산교회)의 대성전은 예전에 영화관으로 쓰던 건물이다. 처음 발령받아 왔을 때는 술 냄새와 지린내가 배어 있는 오래된 골목에 성전이 있는 것이 좋은 기분이 아니었다. 그러나 지내면서 보니 죄와 향락이 있는 곳에 교회가 세워지는 것이 영적으로는 제일 좋은 일이라는 깨달음이 왔다. 그 땅과 주민들의 과거와 현재의 죄를 보혈로 씻고, 예수 그리스도를 통하여 새 생명을 누리게 하는 것이야말로 예수님께서 이 땅에 오신

이유이기 때문이다.

발령 첫 추수감사절을 앞두고 열두광주리 특별 새벽 기도회가 시작되었다. 매일 새벽 3시에 일어나 가족들 밥상을 차려 놓고 부천에서 안산으로 고속도로를 달려갔다. 매일 부어 주시는 하나님의 은혜로 피곤한 줄 몰랐고, 간혹 졸아도 꿈과 환상을 부어 주시니 조는 것도 은혜가 있었다.

한 주간 내내 금요 철야 예배 후에는 어떻게 해야 할까를 고민하며 기도했다. 당시에는 금요 철야 예배가 끝나면 밤 11시였다. 피곤한 상태에서 한밤중에 고속도로를 달려 부천까지 갔다가 다시 새벽에 나온다는 건 운전을 잘 못하는 내게는 위험한 일이 될 것이 분명했다.

금요 철야가 끝나고 토요일 새벽 예배를 위해서 여자 숙직실에서 자기로 했다. 간단히 씻고 얼른 잠자리에 누웠는데 너무 피곤해서인지 기절하듯이 잠이 든 것 같았다. 어느 순간 얼굴이 이상해서 눈을 떴는데, 긴 머리카락을 내 얼굴에 드리우고 한 여자가 내려다보고 있었다. 손에는 낫을 들고 있었다. 나도 모르게 "뭐야? 왜 왔어?"라고 물었다. "보따리 가지러 왔어요"라고 귀신이 말했다. 내가 "예수 피!"하면서 잠에서 깼다. 꿈이었던 것이다.

잠이 다 달아나서 '이것이 무슨 꿈인가?'를 곰곰이 생각하는데 귀신이 낫을 들고 있었던 것이 생각났다. 그렇다면 죽음의 귀신이란 말인데, 이곳에서 살인 사건이 일어났던 것인가 의문이 생겼다. 하나님께 이 꿈의 의미를 알려 주시기를 요청드렸다. 하나님께서 보여 주신 꿈일 테니 보여 주시는 이유가 있을 것이었다.

> 그는 깊고 은밀한 일을 나타내시고 어두운 데에 있는 것을 아시며 또 빛이 그와 함께 있도다 다니엘 2 : 22

주일이 되어 성도들과 대화 가운데 교구실 위층이 원래 산부인과였다는 말을 들었다. 당시 교구실과 숙직실은 3층이고, 4층 전체는 비어 있었다. 산부인과였다면 낙태 수술을 많이 했을 것이다. 교회 주변은 향락의 거리였고, 싸구려 모텔들이 즐비하고, 술집과 여러 유형의 방들이 현재도 많이 있다. 과거에 이 거리가 안산의 유흥 중심이었을 때는 지금보다 더 했을 것이었다. 원치 않는 임신들이 이루어졌을 것이고, 원치 않는 생명들이 무수히 공공연하게 4층 산부인과에서 낫과 같이 날카로운 수술 도구에 의해 죽임당했을 것이었다. 꿈에서 귀신이 나를 쳐다볼 때보다 더 소름이 끼쳤다. 하나님께서 주신 생명을 잉태한 이들에게 하와를 미혹했던 사단은 인생을 망친다는 명분으로 미혹했을 것이다. 이 과거의 살인의 죄들을 회개해야 한다는 마음이 들었다. 하나님께서 주신 마음일 것이 분명했다.

4층은 전기도 차단되어 있었다. 어두컴컴한 4층의 굳게 닫힌 산부인과 앞에 가서 문에 손을 대고 기도했다. 우리를 죄에서 구원하신 예수님께서 십자가에서 흘리신 그 보혈을 산부인과에 뿌리고 바르고 덮으며 기도했다. 생명을 함부로 살해한 우리들의 살인의 죄를 용서해 주시기를 기도했다. 낙태가 살인이라는 것을 처음으로 깊이 깨닫는 사건이었다.

그 후로 산부인과에 보혈을 뿌리고, 낙태죄를 회개하고, 준비된 마음으로 생명을 잉태하여 낙태가 일어나지 않게 중보기도해야 함을 성도들에게 가르치고 함께 기도한다. 생명은 하나님의 축복이다.

> 하나님이 그들에게 복을 주시며 하나님이 그들에게 이르시되 생육하고 번성하여 땅에 충만하라 …… 창세기 1 : 28

15 최자실 기념관으로 와라

신규 전도사로 기도원에서 몇 달 훈련을 받고 5월에 안산 성전으로 정식 발령이 났다. 한 달에 한 번씩 전 성도와 함께 오산리 금식 기도원에 갔다. 두어 번 기도원에서 나올 때 보니, 기도원 입구 오른쪽에 아담한 단독 주택이 있었다. 기도원 안에 있는 집인데 '저기가 누구의 집인가'라고 생각했다.

어느 날, 새벽에 음성을 들으면서 깼다. "최자실 기념관으로 와라!"라고 주님께서 말씀하셨다. 최자실 기념관이 어디인지 모르지만 주님께서 말씀하시면 당장 순종해야 하니 총무 목사에게 질문했다. 총무 목사는 본인도 가보지는 않았다며 기도원에 있는 주택이라고 했다. 내가 궁금해하던 기도원 내의 주택이 바로 최자실 기념관이었던 것이다.

다음 기도원 성령 대망회 날이 되었다. 총무 목사도 동행하겠다고 해서 점심 식사 후에 함께 방문했다. 대문 앞에서 낯설어하며 두리번거리고 있는데 "어머, 전도사님 아니세요?" 하고 반가워하는 목소리와 함께 중년의 여자분이 나왔다. 이 낯선 집에서 나를 아는 분이 나오다니 깜짝 놀랐다. 심지어 나는 그분이 누구인지도 기억을 못하니 민망하기까지 했다. 전에 한 번 인사한 적이 있는 은평에서 안산 성전까지 와서 성가대 봉사하는 집사였다. 눈이 안 좋아서 멀리서는 사람 얼굴을 잘 못 알아보는데, 이런 상황에서는 참 난감하다.

"집사님, 주님께서 '최자실 기념관으로 와라!'라고 하셔서 왔어요"라고 했더니, "들어오셔서 편하게 둘러 보세요"라며 친절히 안내해 주었다.

중앙에 있는 마루와 햇볕이 잘 드는 거실 방을 둘러 보았다. 최자실 목사께서 사용하시던 생활용품들과 걸려 있는 기념 사진들도 둘러보고, 앨범도 보았다. 그런데 마음에 와 닿는 것이 없었다. 그런 내 마음을 말했더니 뭔가 깨달은 듯 작은 방에서 설교 원고를 보여 주었다. 아무나 보여 드리는 게 아니라면서 "천천히 보세요"하며 웃었다.

고 최자실 목사의 설교첩을 대하니 마음이 조심스러워졌다.

첫 장을 펼치니 대부분 한자로 쓰여 있어서 설교 내용이 눈에 확 들어오지 않았다. 한 장, 한 장 넘기는데 눈이 딱 멈추었다. 숨이 멎는 것 같았다. '삯군이 되지 말아라!', '너는 하루에 성경을 얼마나 읽느냐!', '생활을 위해서 주의 종이 되지 말아라!' 라는 말씀이 적혀 있었다. '바로 이거다!'라는 느낌이 왔다. 이것을 보게 하시려고 부르신 것이 분명했다. 요한복음 10장 설교의 한 부분이었다. 마음이 깊이 찔렸다.

> 삯꾼은 목자가 아니요 양도 제 양이 아니라 이리가 오는 것을 보면 양을 버리고 달아나나니 이리가 양을 물어가고 또 헤치느니라 요한복음 10:12

물질로 어려움을 겪고 있는 새내기 주의 종에게 주시는 하나님의 '당부의 말씀'인 것이었다. 학원 빚으로 차를 뺏겼고 카드가 다 정지되었고, 신용회복 위원회를 통해 분할 상환이 시작된 시점이었다. 사례비를 받으면 상환금과 각종 이자, 필요 경비를 제하고 남는 게 없어서 식비로 쓸 돈이 없었다. 딸애에게 1000원짜리 카레를 못해 준 적도 있었다. 그 해에는 관리비를 10개월 못 내서 관리실의 특별 관리를 받기도 했다. 사역을 위해 마지막 남은 보험을 해약해 작은 차를 구입했는데, 기름값이 없을 때가 많았다. 그때마다 출발하면서 주님께 기도드리곤 했다. '주님, 이제 사역 출발합니다. 저는 가난하고 궁핍하오니 기름통에 예수님의 보혈로 가득 채워 주세요'라고 간절히 기도한 적이 여러 번 있었다. 언젠가는 자동차 하부 소음기가 떨어져서 큰 소음과 바닥에 쇠 끌리는 소리가 났다. 수리할 돈이 없어서 한 달 넘게 그대로 다녔는데 고속도로 바닥을 긁으면서 스포츠카처럼 요란하게 다녔다.

내 인생에서 가장 열악했던 그 시기에 기름이 떨어져서 차가 고속도로에 선 적이 없었고, 소음기가 구부러지긴 했어도 떨어져 나가진 않았다.

물질적으로 가장 어려웠던 시기에 최자실 기념관에서 본 설교 제목을 붙잡고, 맡겨진 사명을 감당하는데 마음을 쏟으며 나아갔다. 그리고 생활의 모든 필요를 세세하고 섬세하게 공급해 주시는 하나님의 신비로운 손길을 경험하며 광야에 내리는 만나를 체험하였다.

젊은 사자는 궁핍하여 주릴지라도 야훼를 찾는 자는 모든
좋은 것에 부족함이 없으리로다 시편 34:10

게다가 필요한 것은 주님께서 좋은 것으로 주셨다. 이
시기에 기도에 관한 새로운 작정을 한 가지 했다. '내가 기
도해도 응답받지 못하는 것이 있다면 그건 그 기도 제목이
내게 필요없기 때문이다' 그리고 '제게 필요한 건 주님께
서 결정해 주세요'라고 내 삶의 결정권을 주님께 드렸다.
'주님께서 나보다 더 나의 행복이 무엇인지 아신다'라는
신뢰가 생겼기 때문이다. 이후로는 '부족함'이라는 단어가
내 삶에서 사라졌다.

16 보혈 안에서 건강합니다

2011년 6월 말부터 왼쪽 어깨가 아프기 시작했다. 6월 마지막 주에 있었던 권사 금식 성회에 교역자들이 수박을 들고 방문했다. 수박이 어마어마하게 컸는데, 나도 한 개 들어야 하는 상황이었다. 그날 이후로 왼쪽 어깨가 조금씩 안 좋은 것 같더니 갑자기 심한 통증이 생겼다. 옷을 갈아 입을 때도 통증이 심했고, 침대에 누울 때 닿기만 해도 너무 아파서 엎드려서 자야 했다. 무언가가 조금만 스쳐도 자지러질 듯 아파서 치료가 필요했다. 그 얼마 전에 총무 권사 남편이 어깨를 수술했는데 잘하는 병원이라고 했던 게 기억나서 그 병원을 소개받았다.

어느 날, 일과를 다 마치고 오후에 병원을 방문했다. 의사가 나의 왼쪽 팔을 사방으로 움직여 보더니 어깨가 어떻게 안 좋은지 진단이 나온 것 같았다. 의사의 표정은 '알았다'는 느낌인데, 말은 달랐다. MRI를 찍어봐야 정확히 진단할 수 있을 것 같다는 것이다. MRI 결과를 보더니 어깨에 석회가 쌓여서 수술을 해야 한다고 진단을 내렸다. 수술 후에는 2주 정도 기부스를 해야 한다고도 했다.

"선생님, 제가 전도사에요. 매 주일마다 성도들이 병을 고쳐달라는 기도를 하러 오는데, 제가 수술하고 기부스를 하고 있으면 성도들이 믿음이 생기겠어요?" 나의 말에 의사가 끄덕였다. "그렇겠네요" 나는 계속 말했다. "저는 수술해도 휴가 때 몰래 해야 해요. 로비에서 광고 봤는데 관절 주사나 놔주세요" 하고는 처방전을 받아왔다.

집 근처에 늘 다니던 약국에 처방전을 가지고 갔다. 약사가 "정말 많은 사람이 어깨 수술을 하고, 또 많은 사람이 후회를 해요. 수술은 최후의 방법으로 생각하시고 약 드시면서 스트레칭을 많이 하세요"라고 하는 것이었다. 수술 후에도 완치되지 않는 경우가 많은 것 같았다.

약사의 말이 일리가 있어 그날 저녁부터 학교 운동장을 돌며 어깨 스트레칭을 시작했다. 운동장을 돌면서 구호를 외쳤다. "예수 천국! 불신 지옥!"하면서 10바퀴씩 돌며 어깨 스트레칭을 하는데 팔을 뒤로 쭉 늘리면 식은땀이 나도록 아픈데, 팔을 풀면 시원했다. 그러나 약을 한 달 넘게 먹었는데 차도가 없었다.

주일예배 신유 기도 시간에는 어깨에 손을 얹고 기도했다. 예배 때마다, 생각날 때마다 오른손을 왼쪽 어깨에 얹고 치유를 위해 기도했다. 그러던 어느 주일예배 시간에 이런 생각이 들었다. '예수님께서 이미 2000년 전 십자가에서 내 질병의 문제를 해결하셨지 않은가. '다 이루었다!'고 하셨으니까 내 질병의 대가는 이미 지불되었다. 그렇다면 육으로는 아프지만 영으로는 나는 완치된 사람이다'라는 생각이 들었다.

그날부터 기도를 바꾸었다. 어깨에 손을 올리지도 않았다. "저는 보혈 안에서 이미 치유받았습니다!" 또는 "저는 보혈 안에서 건강합니다!"라고 선포하기 시작했다. 약도 두 달까지 먹고 그만두었다. 수시로 믿음으로 고백했다. "저는 보혈 안에서 건강합니다!"

몇 달이 지나갔는지 모르겠다.

어느 날, 오른쪽 어깨가 왼쪽과 똑같은 증상으로 아파서 '어?' 하고 보니, 왼쪽 어깨가 이미 치료되어 있었던 것이다. 안 아프니까 자각 증상이 없어 몇 달이 흘러도 모르고 있었던 것이다. '왼쪽 어깨를 치유 받았는데 오른쪽 어깨야 밥이지!' 하며 똑같은 기도를 하니 한 달도 안 돼서 증상이 완전히 사라졌다.

…… 그가 채찍에 맞음으로 우리는 나음을 받았도다

이사야 53:5

17 사마귀가 사라졌어요

안산 성전에서 있었던 일이다. 선부동 농협 앞에서 노점을 하는 할머니 집사가 있었다. 70세가 넘었고 한쪽 다리가 불편해서 지팡이를 짚고 다녔다. 아들은 어디 산에 들어가 있다 하고 혼자 노점에서 콩, 건어물 등 여러 가지를 팔아 생활하였다. 그런데 이 분의 믿음이 얼마나 좋은지 새벽 예배는 기본이고 수요 예배나 지역 예배나 늘 열심히 참석하였다. 수요일에는 노점을 펼쳐 놓은 상태로 예배드리러 온다고 했다. 옆에 노점상이 봐주고 예배드리는 동안 못 판 것은 예배 후에 파는 것으로 하나님께서 다 보충해 주신다고 걱정 없다고 하여서, 늘 나와 성도들에게 믿음의 도전을 주곤 하였다.

어느 주일, 예배 전에 늘 그러듯이 교구실에 성도들과 함께 기도 받으러 왔다. 내 손을 꼭 잡더니 손등의 사마귀를 보여 주는 것이었다. 손 등에 사마귀가 있다는 걸 처음 알았는데 크기가 제법 컸다.

"전도사님, 이 사마귀가 커서 보기 흉해요. 사마귀가 없어져서 애기 피부처럼 되게 해달라고 기도해 주세요."

어린아이처럼 순수한 마음으로 기도 부탁하는 간절한 마음이 느껴졌다. 할머니 손 등에 있는 검은 사마귀 하나쯤이야 사람들은 신경도 쓰지 않을 텐데 마음이 늘 거슬렸던 것 같다. 노점에서 손님들에게 검은 봉지에 물건을 담아 건넬 때마다 당신 눈에 거슬렸을 것이다. 세수할 때, 일할 때, 사람들 만날 때 불편했을 것이다.

일반적으로 성도들이 부탁하는 기도 제목에 비하면 작은 문제일 수도 있다. 아니 부끄러워서 기도 부탁을 하지 않을 수도 있다. 그런데 부끄러워하지 않고 기도를 요청하였다. 나는 검은 사마귀 위에 손을 얹고 "하나님, 늘 주님을 사모하는 우리 집사님 사마귀를 예수님의 보혈로 치료해 주셔서 어린아이 피부처럼 깨끗하게 해 주세요!"라고 부탁받은 대로 기도드렸다.

한 주, 두 주 주일마다 그리고 만날 때마다 사마귀가 없어지게 해달라고 기도드렸다.

두 달쯤 지난 어느 주일에 그분이 다급하게 부르면서 들어왔다. "전도사님, 전도사님, 사마귀가 없어졌어요!"라고 외쳤다. "사마귀가 정말 없어졌어요!" "어, 사마귀가 있었어요?" 보여 주는 손 등이 너무 깨끗해서 착각이 일어났다. 이 분 손등에 사마귀가 있었나 싶었다. 주님께서는 정말 흔적도 없이 깨끗하게 고쳐 주셨다. "할렐루야!, 할렐루야!" 성도들과 함께 깜짝 놀라서 감사기도를 드리는데, 감격의 눈물이 흘렀다.

우리는 큰 기도 제목, 작은 기도 제목이 있다고 생각하는데, 주님께는 그 모두가 사랑하는 자녀의 기도인 것이다. 그분의 어린아이처럼 순수하고 맑은 믿음이 그런 기적을 일으켰다. 돌봐 주는 자녀가 없어 늘 궁핍하고, 장애가 있는 삶 속에서도 하나님을 향한 간절한 할머니 집사의 믿음이 늘 내 마음을 새롭게 한다.

…… 누구든지 하나님의 나라를 어린 아이와 같이 받들지 않는 자는 결단코 그 곳에 들어가지 못하리라 하시고
마가복음 10:15

18 폐암 흔적은 있는데 병균이 없어요

2011년 가을에 있었던 일이다. 어느 주일 교구실에서 성도들을 기도해 주고 있는데 낯선 남자분이 함께 기도를 받았다. 우리 교구 성도를 따라온 분이려니 하고 기도해 드렸다. 그날 오후에 총무 목사가 그 남자 성도는 총무 목사 교구 권사가 전도해 온 분이라고 했다. 전도한 권사가 같이 못 와서 착오가 있었다는 것이다.

다음 주일에 그분이 또 기도 받으러 와서 상황 설명을 해드리고 총무 목사에게 안내해 드렸다. 그런데 다음 주에 성도들 기도해 드리는 데 또 기도 받고 있었다. 그 성도는 매주 총무 목사에게 기도 받고, 내게도 와서 기도를 받고 갔다.

그분은 얼굴이 깡마르고 검어서 몸이 좀 안 좋은 분인가 보다 하고 늘 건강 기도를 간절히 해 드렸다. 그분이 계속 우리 교구로 와서 기도 받으니 총무 목사도 그분에게 더 말할 수기 없었다. 꾸준히 오면서 조금씩 가정 상황을 말해 주어서 점점 구체적으로 기도할 수가 있게 되었다. 그분은 공공근로로 생활하고 있고, 부인이 정신적 질병이 있고 본인도 약간 있다고 했는데 말도 좀 어눌했다. 늦게 낳은 아들 이야기를 제일 많이 해 주었는데, 9살인 아들의 지적 장애을 염려하고 있었다.

11월 30일 저녁 7시에 교구 남성 연합 예배를 드렸다. 한 달에 한 번씩 드리는 남성 연합 예배인데 열 명 정도가 모이곤 했다. 이 날은 그분도 참석하였다.

설교 후에는 통로로 다 나오도록 해서 서서 손을 잡고 뜨겁게 방언으로 기도하는 시간을 가졌다. 통로가 좁아서 성도들은 긴 타원형으로 서서 기도하고, 나는 키가 작아서 장의자 위로 다니면서 한 사람씩 간절히 안수기도를 했다. 우리 모두 땀이 흠뻑 나도록 간절히 나라와 교회와 가정을 위해서 부르짖었다. 신실한 안수집사 한 분이 "전도사님, 한 달에 한 번씩 이렇게 기도하면 기적이 일어나겠습니다!"하는 덕담을 들으며 우리는 행복한 귀가를 했다.

12월 11일 주일에 그 성도가 기쁜 얼굴로 내게 와서 간증을 하였다. 내게는 그동안 말하지 않았지만 폐에 종양이 있었다고 했다. 11월 30일 저녁 남성 연합 예배 후 기도회 시간에 내가 그 성도 등에 손을 대고 안수기도를 할 때, 큰 손이 나타나서 성도의 머리부터 몸 뒤편을 쓸어내리셔서 치유 받았다는 확신을 받았다고 했다. 그 후, 수술을 위해 입원하기로 한 12월 7일에 병원에 갔다는 것이다. 입원하고 수술을 위해 다시 정밀 검사를 받았는데, 의사가 어리둥절해하며 이렇게 진단했다고 한다.

"폐암 흔적은 있는데 병균이 없어요!"

할렐루야! 신비하신 하나님을 찬양합니다! 신기하고 놀라운 일을 행하시는 하나님을 찬양합니다! 나는 너무 놀라워 감사드리면서 '하나님을 찬양합니다!'라는 말만 계속 반복했다. 그 성도에게 무슨 일이 생기면 정신 질병을 앓고 있는 부인과 아들이 어떻게 될지 알 수 없는 그런 가정이었다. 주의 종에게도 말하지 못하는 조심스런 마음으로 부인과 아들을 생각하며 그 성도는 그간 혼자서 얼마나 간절히 주님을 찾고 찾았을까. 그 외로운 기도에 응답하신 하나님의 은혜에 대한 감사를 표현할 말이 없어 눈물만 나왔다. 이 경험은 후에 모든 암환자들을 대할 때, 내가 어떻게 기도해야 하는지 깨우쳐 주었다.

친히 나무에 달려 그 몸으로 우리 죄를 담당하셨으니

이는 우리로 죄에 대하여 죽고 의에 대하여 살게 하려 하

심이라 그가 채찍에 맞음으로 너희는 나음을 얻었나니

베드로전서 2 : 24

19 지도자가 두 명이다

매주 화요일에는 여의도에서 교역자 회의를 마치고 안산으로 출근하곤 했다. 늘 하던 대로 어느 화요일에 여의도에서 안산으로 가는 길에 목감IC에서 갈라져 물왕저수지 쪽으로 운전하고 있었다. 내리막길 저 멀리 물왕저수지를 묵묵히 바라보고 있는데 조용히 주님의 음성이 들렸다.

"지도자가 두 명이다,"

무슨 말씀을 하시는지 바로 알아들을 수 있었다. 평소 교회에서 느끼던 바가 있었기 때문이었다. 우리 교회에는 교회에 큰 영향력을 끼치는 장로 한 분이 있었다. 이 장로는 큰 사업을 하는 분으로 지성전 일년 예산의 오분의 일을 십일조로 내고 있었다. 그외에도 교회 부흥을 위해서라면 큰돈도 아낌없이 쓰는 분이었다. 그분의 회사에 관련되어 친밀한 관계를 가진 분들이 교회에 몇 사람 있었고 기관장들도 있었다. 그러다 보니 교회 관련 결정 사안들에 대해서 큰 영향력을 행시하고 있었다.

선교사 출신의 담임목사가 다른 교회로 발령받아 가고 연로한 담임목사가 새로 발령받아 왔다. 새로운 담임목사는 첫 철야 예배에서 "나는 독립해 준다는 약속을 받고 왔습니다"라고 선포했다. 위임 목사로부터 독립에 대한 약속을 받고 왔다는 것이었다. 당시 안산 성전은 안산제일교회와 교구를 나눈 지 2년 정도 된 상황이었다. 분할 당시에 한 개의 교구를 두 개로 나누어 교회 부흥을 간절히, 그리고 열심히 부르짖고 있던 시점이었다. 그런데 오자마자 독립을 선포하니 분위기가 뒤숭숭해졌다. 더우기 교회를 부흥시키겠다고 물질과 정성을 쏟아붓고 있던 그 장로와 기관장들은 충격을 받은 듯했다.

첫날 선포 이후로 담임목사는 종종 독립을 말했다. 그러나 독립에 대한 반감은 그 장로를 중심으로 조금씩 표면화되고 있었다. 12월에는 그 반감이 교회 전체를 어수선하게 휩쓸고 있었다. 그 장로와 몇몇 제직들이 독립 반대 분위기를 조성하고 있다고 했다. 성가대나 교회학교 교사 기도회 또는 각 기관을 다니면서 독립을 찬성하는 사람들은 그 기관에서 나가라는 압력을 받고 있다고 성도들이 이야기하기 시작했다.

본교에서 어떤 지시가 내려온 적도 없는데 담임목사가 독립을 거론한 여파로 교회는 두 파로 갈라지고 있었다. 담임목사를 지켜보는 파와 그 장로를 중심으로 한 독립 반대파로 갈라져 곳곳에서 이런저런 부딪침이 생기기 시작했고 교회를 이탈하는 성도들이 나타나기 시작했다. 독립 반대파는 '독립 반대'라는 어깨띠를 띠고 현수막을 걸어 교회는 위기감이 가득했다.

25일 주일 새벽에 나는 꿈을 꾸었다. 앙칼진 고양이들이 달려드는 꿈이었다. 가슴 위에 앉아서, 자고 있는 나를 노려보다가 내려갔다가 다시 올라와 있는 꿈이었는데 "예수 피!"도 못했다.

'이게 무슨 꿈이지?' 생각하며 마음을 단단히 먹고 출근했다. 주일 아침 7시에 장로회와 안수 집사회를 방문했을 때, 그 장로와 안수 집사 두 사람이 꿈에서처럼 나에게 대했다. 내가 "오늘은 성탄절이니 대성전 예배 시 어깨띠를 빼주세요"라고 권유했기 때문이었다. 새로운 담임목사와 함께 발령 받은 총무 목사가 입원 중이어서 나밖에 말할 교역자가 없었다.

26일 월요일 휴무를 맞아 기도하는 중에 근래 교회에서 일어나는 일들에 대해 마음이 몹시 아파 교회를 지켜주시기를 간절히 기도하고 있었나. 기도하는 중에 갑자기 '하나님의 말씀에 순종해야 하는 이유 10가지'라는 제목으로 한 가지씩 말씀과 이유를 마음에 부어 주셨다. 노트를 가져와서 주님께서 부어 주시는 문장을 빠르게 받아 적었는데 3시간이 걸렸다. 평소에 내가 생각해 본 적 없었던 말씀이었고 또한 신규 전도사이니 말씀에 대해 지식이 있을 리 없었다.

주신 말씀들을 붙잡고 또 간절히 기도했다. 내가 맡고 있는 교구에 그 장로와 기관장들이 다 소속되어 있었기 때문이었다. 오랫동안 주님 앞에 충성했던 그분들이 담임목사에게 맞서지 말았으면 하는 간절한 마음 때문이었다. 어떤 경우에도 주의 종을 대적하지 말고 다만 중보기도 할 것을 교육받아왔기 때문에 그분들이 하나님께 야단맞게 될까 안타까웠다.

가령 내가 그 의인에게 말하기를 너는 살리라 하였다 하자

그가 그 공의를 스스로 믿고 죄악을 행하면 그 모든 의로운 행위가 하나도 기억되지 아니하리니 그가 그 지은 죄악으로 말미암아 곧 그 안에서 죽으리라 에스겔 33:13

그 한 주간 내내 주님께서는 이런 찬송을 내 입에 부어 주셨다.

'세상 등지고 십자가 보네, 세상 등지고 십자가 보네, 세상 등지고 십자가 보네, 뒤돌아서지 않겠네.'

종일 이 찬양이 입에서 나왔다.

목요일 밤에 잠이 오지 않았다. 낮에 마신 커피 때문인가 싶었는데 한밤중에 정신이 확 깨버렸다. 왜 이렇게 잠이 안 오지 하다가 혹시 월요일에 주셨던 말씀을 정리하라는 주님의 신호인가 싶어서 컴퓨터로 정리했다.

12월 30일 금요일, 철야 예배 전부터 뒤숭숭하다 싶었는데 안수집사들이 '독립 반대'라는 어깨띠를 두르고 성전에서 철야 예배에 오는 성도들을 맞이하고 있었다. 안수집사들이 1월 1일 신년 주일예배에 담임목사가 설교하지 못하도록 강단에서 끌어내리기로 합의했다는 말도 한 안수집사에게서 들었다. 나도 예배에 들어가려는 데 "하나님께 예배드리는 지성소에 주의 종을 대적하는 어깨띠를 하고 들어가는 게 말이 돼?"라고 두 분이 속삭였다. 주님이 내게 말씀하시는 것 같았다.

담임목사가 당장 독립을 하겠다고 날짜를 정한 것도 아니고, 담임목사 혼자서 독립을 선포할 수도 없는 일이다. 본교에서 아무 지시도 없는 상황이었다. 그런 상황에서 제사장으로 하나님 앞에 예배드리는 성도들이 주의 종에게 대적하겠다는 모의를 하고 띠를 띠고 다른 성도들에게 위화감을 주고 있었다. 원수끼리도 예배 시간에는 총, 칼을 내려놓고 들어와야 할 거룩한 성전에 마음속에 주의 종에 대한 분노와 미움의 무기를 품고 들어온다는 것은 하나님을 대적하는 것과 같다.

예배가 끝나고 헌금 시간에 교육전도사에게 내 책상 위에 있는 프린트물을 예배 후 귀가하는 성도들에게 나누어 주도록 부탁했다. 나는 교구 성도들과 예배 후에 인사를 해야 했고 프린트에는 내 이름을 적어 놓은 상태였다.

예배가 끝나고 먼저 나간 성도들 쪽에서 웅성이는 소리가 들리는 듯하더니 그 교육전도사가 내게 왔다.

"전도사님, 그 프린트를 그분들에게 빼앗겨서 성도들에게 나누어 주지 못했어요, 죄송해요"하는 것이었다. "괜찮아요, 어차피 그분들 보라고 하나님께서 주신 말씀인걸요."

평안히 귀가하시도록 조치하고 교구실로 들어왔다.

그 장로와 기관장들과 따르는 한 무리의 성도들이 우르르 교구실로 들어와 내게로 몰려와서 악을 쓰기 시작했다. 사실 이 문제는 나와는 상관이 없다. 내가 담임목사와 친분이 있는 것도 아니고 그분이 독립한다고 해서 내게 무슨 이익이 생기는 것도 아니다. 다만 내가 맡고 있는 내 교구 성도들이 주의 종에게 맞섬으로 하나님 앞에 죄를 지을까 하여 주님께서 시키신 일을 했을 뿐이었다. 그 사람들이 내게 소리를 지르는데 나는 마음이 평온했다. 내 마음에는 한 찬송이 계속 울려 나왔다.

'세상 등지고 십자가 보네, 세상 등지고 십자가 보네, 세상 등지고 십자가 보네, 뒤돌아서지 않겠네.'

나는 하나님께서 맡기신 일을 시키는 대로 행하는 종일 뿐이다.

시끄러운 소리에 담임목사가 나왔다. 담임목사는 주동한 장로와 담임목사실로 들어갔고 잠시 후 장로는 나와서 몰려왔던 이들과 함께 나갔다.

퇴근하려 지하주차장으로 내려가는 엘리베이터 안에서 담임목사는 "총무 목사는 없고 전도사님이 나를 지켜주네……" 하셨다. 사모는 내 손을 잡고 고맙다고 눈물을 흘렸다. 담임목사는 "내게 먼저 프린트를 보여 주지 그랬어?"라고 하였다. 그러나 먼저 보여드렸다면 담임목사가 시킨 일이 되기 때문에 의미가 없는 일이 되었을 것이다.

집에 돌아와 누웠는데 마음이 착잡했다. 주님께서 말씀을 주셔서 마음을 어루만져 주셨다.

'슬픈 마음 있는 사람, 위로의 주님 바라보아라'

교회에서 이런 일이 생기는 것은 정말 슬픈 일이다.

토요일 종일 새해 첫 주일예배에 안수집사들이 하나님 앞에 죄를 짓지 않게 해 달라고 기도드렸다.

신년 아침이 되었다. 간절히 기도하는 마음으로 출근했다. 2012년 마지막 날 밤의 송구영신 예배와 1월 1일 신년 주일예배에 더이상 현수막은 내걸리지 않았고, 어깨띠를 하지 않았고, 안수집사들이 담임목사를 설교하지 못하게 몸으로 막겠다고 결의한 일이 일어나지 않았다. 기쁘고 감사한 일이었다.

그 장로의 눈치를 보며 교구실에 안 들어오던 성도들 몇이 교구실에 들어와서 새해 말씀 카드를 뽑고 기도받았다. 철야 때 내게 악을 쓰고 폭언하던 장로와 권사들을 지켜보던 성도들의 마음에 변화가 일어난 것 같았다. '독립이야,

아니야'의 문제가 '주의 종에게 순종하느냐, 주의 종에게 대적하느냐' 하는 것으로 바뀌었다.

1교구 권사 한 분이 조용히 "전도사님, 애쓰셨어요. 혼자 십자가 지시느라고" 하셨다. '아! 그것이 십자가였구나' '하나님의 명령에 순종해야 하는 이유 10가지'를 주신 26일 새벽 꿈에서 본 권사였다. 우리 교구 앞에 노란색 과일을 무더기로 쌓아놓고 있었는데 지나가던 그 권사에게 과일을 하나 주는 꿈이었다.

오후에 안수집사 한 분이 오더니 "전도사님, 그 프린트 괜찮으신 거에요?"라고 하였다. 그냥 웃었다. 하나님께서 시키신 일에 순종했으니까 그 프린트가 어떻게 쓰이든 이미 내 손을 떠난 일이었기 때문이었다.

교구협의회 장로가 들어왔다. 이 분은 타교회에서 파견 나온 장로였는데 지난 철야 예배에는 불참하였었다. "프린트 봤는데, 무섭던데?"라고 하였다. 나는 웃으며 답했다. "주님께서 장로님에 대해서는 "그는 충성된 자다"라고 말씀하셨어요. 장로님께선 자리를 지켜주세요"라고 부탁하였다.

몇 주가 지나서 독립 반대를 외쳤던 부자 장로와 장로 부회장 장로 두 사람이 그 프린트를 문제 삼아 나를 윤리위원회에 고발했다. 윤리위원회로부터 호출을 받고 출석했다. 담당 장로하고 이야기를 하는 중에 이 분과 고발한 장로들의 질문의 초점은 내가 아니라 담임목사의 근태에 관한 사항이라는 걸 알았다. 담임목사의 약점을 찾아내려는 것으로 느껴졌다. 내가 지적받은 부분은 독립이 본교에서 지시받은 적이 없다는 것이었다. 나는 그 부분은 순순히 인정했다. 그러나 담임목사가 하는 대로 따를 수밖에 없는 것이 부교역자의 입장이다.

좋은 분위기에서 상담을 마치고 내가 잘못을 시인한 부분에 대해서는 교회에서 원하는 각서를 쓰고 나왔다. 내가 징계를 받아서 안산 성전에서 쫓겨난다 해도 나는 여의도 본교로 돌아오게 될테니 벌이 아니라 축복이 될 것이기에 두려울 것이 없었다.

윤리위원회에 나를 고발한 장로의 의도대로 나는 안산 성전에서 쫓겨났다. 그러나 하나님의 은혜로 여의도에서 가장 큰 대교구에 발령받게 되었다.

우리는 믿음이 있다고 그 누구도 장담할 수 없다. 극단적인 어떤 상황이 오면 때로 하나님의 일을 한다는 착각으로 자신의 열심이 성령님보다 앞서 결국에는 예수 그리스도의 몸인 교회에 큰 상처를 입히는 결과가 되는 것이다.

그리스도인은 교회를 섬기는 사람이 아니라 하나님을 섬기는 사람이어야 한다.

이러므로 그들의 열매로 그들을 알리라 마태복음 7:20

시작이 정의에서 출발하였더라도 과정에 어떤 종류의 폭력이 사용된다면 하나님께서 결코 기뻐하시지 않는 것이다. 그리고 어떤 명분으로든 교회에서 분열이 일어나면 성도들은 상처를 받고 흩어지게 된다는 것이다. 교회를 위한다는 행동이 교회를 깨뜨리는 열매를 맺게 된 것이다. 이 사건으로 많은 성도들이 주변 교회로 떠났거나, 아예 교회를 떠났다. 그리고 남아 있는 성도들의 마음에도 큰 상처가 생겼다. 장로와 권사들과 안수집사들의 태도를 보면서 많이 실망했기 때문이었다. 장로편에 섰던 권사들 몇 분이 내가 떠날 때 찾아와서 사과하였다. 그럴 수밖에 없었다고 하였다. 그리고 안산 성전은 결국 다음다음 담임목사 때 독립되었다.

시기와 다툼이 있는 곳에는 혼란과 모든 악한 일이 있음이라
오직 위로부터 난 지혜는 첫째 성결하고 다음에 화평하고

관용하고 양순하며 긍휼과 선한 열매가 가득하고 편견과 거짓이 없나니 화평하게 하는 자들은 화평으로 심어 의의 열매를 거두느니라 야고보서 3 : 16-18

하나님의 일은 동기도 과정도 결과도 화평하게 해야 한다는 것을 배우게 되었다. 성령님께서 일하시도록 기도로 기다리는 일이 얼마나 귀하고 또한 얼마나 어려운 일인지 체험하는 사건이었다.

모든 일이 마무리 된 후에 주님께서는 '근심하게 한 사람을 용서하라 고린도전서 2:5-11'는 말씀으로 내 마음의 거리낌을 없애 주셨다. 후에 그분을 본교에서 만날 때 환한 웃음으로 대할 수 있었다.

20 예수 피

태풍 같았던 안산 성전에서의 마지막 사건을 겪고 강서
대교구로 2012년 2월 말에 발령을 받았다. 강서 대교구
의 은퇴자 후임으로 3월 2일에 첫 출근을 했다. 안산 성전
에서는 담임목사를 포함해서 정규 교역자가 3명이었는데,
강서 대교구는 나를 포함해 15명의 교역자가 있었다. 이
많은 교역자들 사이에서 내가 잘 감당할 수 있을지 기도로
준비해야겠다는 생각이 들었다.

3월 5일부터 40일 아침 금식 기도를 시작했다. '강서12
교구에서 주께서 맡기신 일 감당할 수 있도록 능력 주시
옵소서!'가 기도 제목이었다. 강서12교구 성도들 중 반 정

도는 임대아파트에 거주하는 성도들이었다. 장애, 알콜 중독, 정신 질환, 우울증, 독거 노인 등 다양한 내적, 외적 장애를 가진 분들이 많이 있어서 내가 잘 감당할 수 있을지 절로 기도가 나왔다.

그러나 염려와 달리 형편이 어려운 성도들과 형편이 좋은 성도들이 벽 없이 사랑이 많고, 예배를 사모하고, 무조건 주의 종에게 순종하는 믿음이 얼마나 아름다운 교구인지 성도들로 인하여 늘 기쁨이 가득하곤 했다.

예배는 기도로 준비한 만큼 은혜받는 것이다. 대교구장께서 교구에 오시기 전 날은 무슨 요일이든 모여서 3시간씩 기도하곤 했다. 연속 3시간 기도는 젊은 사람도 힘든 일이라 "노권사님들은 하실 수 있는 만큼만 하고 가셔도 좋고, 허리가 아프면 서서 왔다 갔다 하시면서 자유롭게 하세요"하고 미리 당부를 드리고 시작하곤 했다. 그러나 허리가 약한 노권사들이 기도회를 끝까지 이겨내려고 벽에 등을 대고 죽 앉아 버티던 모습이 장관이기도 했다. 슬그머니 일어나 나가는 분이 있어서 가셨나 보다 하고 기도회를 계속 하다 보면 어느 새 슬그머니 들어와 기도하는 분도 있었다. 복지관에서 주는 점심을 얼른 먹고 와서 기도를 계속하는 것이었다.

성도들이 이렇게 기도에 열정적이니 주의 종이 기도하지 않을 수 없게 된다. 4월 2일부터 시작되는 고난 주간에 맞추어 여리고 기도회를 하려고 목회 계획을 세웠기 때문에 나도 금식하는 동안이라도 하루에 3시간씩 기도하려고 노력했다.

4월 1일, 4월 첫 주일 새벽에 꿈에서 깨며 눈을 떴다. 작은 뱀 한 마리가 고개를 탁 쳐들고 내게로 뽈뽈거리며 오고 있었다. 내가 "예수 피!"하고 조용히 말했다. 위에서 피 한 방울이 뱀 대가리에 톡 떨어졌는데 뱀이 변하여 붉은 꽃이 되는 꿈이었다. 꿈에서 깨며 주님께서 주신 마음이 있었다. '아, 예수님의 피는 저주가 변하여 축복이 되게 하시는구나!'라는 깨달음이었다.

네 하나님 야훼께서 너를 사랑하시므로
네 하나님 야훼께서 발람의 말을 듣지 아니하시고
네 하나님 야훼께서 그 저주를 변하여 복이 되게 하셨나니
신명기 23:5

순복음교회에 와서 예수님의 보혈의 능력에 대해 배우고, 관련 책들을 읽으면서 그 중요성을 깨달았다. 예수님

의 피로 맺은 새 언약에 대한 확신은 나를 바꾸기 시작했다. 예수님의 보혈은 속죄의 피요, 승리의 피요, 부활의 피요, 축복의 피다. 믿음은 믿는 대로 이루어지는 것이다.

나는 감정의 기복이 많은 사람이었다. 어린 시절의 상처로 인한 분노를 잘 다루지 못하여 욱하는 성격이었다. 이유없이 마음이 가라앉기도 하고, 우울해지기도 하고, 장래에 대한 막연한 두려움을 느끼기도 했다. 그럴 때마다 '예수 피'를 열 번 정도만 고백하여도 마음의 묶임이 풀어지고, 내 영 깊은 곳으로부터 '감사합니다. 감사합니다. 감사합니다!'라는 고백이 분수처럼 솟아나곤 한다. 예수님께서 주시는 이 평안과 기쁨으로 감정을 다스릴 수 있게 되었다. "예수 피!'라고 고백하는 것은 예수님께서 나를 다스려주시길 믿음으로 요청하는 고백이고, 예수 그리스도의 권세와 능력을 인정하고 의지하는 믿음의 고백인 것이다.

6월부터는 '보혈'에 관하여 집중적인 설교를 시작했는데 주님께서 매우 기뻐하심을 느낄 수 있었다. 예배 때마다 예수님의 보혈을 찬양하고 보혈의 능력에 대해 설교할 때, 성령님께서 부어 주시는 기름 부음이 더 특별함을 성도들과 함께 느끼곤 했다. 특히 첫 예배 안수할 때 성도 한 사람이 입신하는 일이 일어나 예배마다 보혈 찬양과 보혈에 대한 언급을 꼭 해야되겠다고 다짐했다.

요한계시록 4장과 5장에는 하늘에서 드리는 예배의 장면이 나온다. 4장에서는 거룩하신 하나님, 영존하시는 하나님, 창조자이신 하나님을 찬양하는 하늘 예배가 나온다. 5장에서는 첫 번째로 네 생물과 이십사 장로들이 사람들을 피로 사서 하나님께 드리시고 나라와 제사장으로 삼으신 어린 양을 찬양하고 있다. 두 번째로는 만만이요 천천인 천사들이 죽임당하신 어린 양께 능력과 부, 지혜와 힘, 존귀와 영광과 찬송을 드리고 있다. 세 번째로는 하늘 위에와 땅 위에와 땅 아래와 바다 위에와 또 그 가운데 모든 피조물이 보좌에 앉으신 하나님과 어린 양에게 찬송과 존귀와 영광과 권능을 세세토록 돌리고 있다.

세 번에 걸쳐 완전한 찬양을 받으시는 예수 그리스도는 왕으로서가 아니라 어린 양으로서인 것이다. 사람들을 피로 사신 어린 양을 하늘에서 영원토록 찬양하는데 이 땅에서 사는 동안 자신을 피로 사신 어린 양을 찬양하는 것이 얼마나 중요한 일인가. 어린 양의 보혈은 예수 그리스도의 생명이고, 진리이고, 사랑이기 때문이다. 하나님께서 가장 크게 영광을 받으신 일은 어린 양으로서 예수님께서 십자가에서 순종하신 일이기도 하다.

이 꿈을 받은 이후로는 어려움에 부딪칠 때 늘 '보혈 안에서 화가 변하여 복이 될지어다!'라고 선포한다. 예수님 보혈의 승리에 대한 확신으로 이렇게 기도할 때 실제로 화가 변하여 영과 육에 복이 임하는 응답을 누리고 있다. 평생 보혈전도사로 살기로 뜻을 확정하게 되었다.

……이 잔은 내 피로 세우는 새 언약이니 곧 너희를 위하여 붓는 것이라 누가복음 22:20

21 사랑한다, 사랑한다, 사랑한다

강서 대교구에 발령받았을 때의 일이다. 첫 지역 예배를 드렸다. 지역장 이름만 알고 성도들은 처음 대하는 자리였다. 임대아파트 거실 겸 안방이 모자라도록 가득 모였다. 아마도 새로 오는 전도사가 누구일까 궁금하였을 것이다. 보혈 찬송을 힘있게 부르고, 보혈에 관한 설교를 마치고 합심 기도하는 시간이 되었다. 한 사람, 한 사람 마음을 담아 안수하다 보니 나도 눈물, 콧물 범벅이 되었다. 마지막으로, 설교 중에 들어온 성도를 간절히 안수기도 하는데, 내 마음속에 주님의 음성이 부딪쳐왔다.

'사랑한다, 사랑한다, 사랑한다'

그 성도를 향한 하나님의 메시지인 줄 알고, 그분만 들을 수 있도록 작은 소리로 전했다. 그 성도는 하나님의 음성을 듣고 대성통곡하며 울었다. 나는 그 성도를 처음 보았고, 어떤 분인지도 몰랐다. 모두들 울며 불며 큰 소리로 기도했기에 내가 그분에게 주님이 음성 선한 것을 아무도 듣지 못했다. 예배 후에 지역장은 "그 성도가 힘들게 사는 분이에요"라고만 말했다.

지내면서 조금씩 상황을 알게 되었다. 아들과 둘이 사는데 이제 아들이 호주에서 취업했다고 하였다. 1년 가까이 지났을 때 그 성도는 상담을 하고 싶다고 했다. 조심스럽게 꺼내 놓은 이야기는 언니네 가게에서 일을 도와주며 생활한다는 것이다. 언니네 가게는 술집이고, 술 시중을 드는 여자들도 있다고 했다. 이혼 당하고 혼자 어린아이를 키우며 먹고 살아야 해서 언니와 형부 일을 돕게 되었는데, 세월이 지나 교회에 나오게 되니 갈등의 원인이 되고 있었다. 예배드리고 은혜를 받으면 이 직업을 그만두어야 하는데, 나이가 많으니 그만두면 어떻게 살아야 할지 몰라서 이러지도 저러지도 못 하고, 교회 식구들 누구에게도 이 말을 할 수도 없으니 속이 병들고 술을 많이 마시게 된다고 했다.

첫 예배를 통해 하나님께서는 그 성도의 눌린 마음을 어루만져 주신 것이리라. '내가 너를 알고 있다'라고 만나 주신 것이다. 말씀을 따라 살도록 결단을 해야 하나 자존감이 너무 낮아져 있는 상태라 용기를 내지 못하고 환경에 끌려가고 있는 것이었다.

주님의 부르심에 순종하지 못하고 생활에 끌려다녔던 나의 과거 모습이 중첩되어 마음이 아팠다. 그러나 믿음의 결단은 본인이 해야 했다. 주님을 향하여 삶의 방향을 바꾸었을 때, 이전에는 상상할 수 없었던 영적, 환경적 축복을 받게 된 간증과 함께 하나님의 말씀을 전하고 간절히 기도해드렸다.

가끔씩 울적한 마음으로 전화를 할 때마다, 아픔을 공감해드리고 하나님 말씀으로 기도해드리면 위로를 받곤 하였으나 큰 변화는 없었다. 다만, 자신을 정죄함에 눌려 있어서 예배가 피난처였고, 예배 시간 만큼은 기쁨을 누렸다.

그렇게 지내던 어느 날 새벽 예배 시간에 그분에게서 전화가 왔다. 전화를 받을 수가 없어서 기도회를 다 마치고 6시쯤 전화를 했다. 전화를 받은 그분은 "전도사님 맞으세요? 우리 전도사님이 맞으세요?"라고 몇 번씩 확인하고,

과도하게 기뻐하며 말했다. "전도사님, 정말 주님이 날 사랑하시나 봐요?"라고 흥분했다. 감정이 격해져서 울기도 하고, 웃기도 하며 하는 말을 가만히 들어보니 상황이 파악되었다. 저녁부터 술을 많이 마시고 또 우울 증세가 깊어져서 자다 깨다 술을 마시는 걸 반복했다고 한다. 급기야 새벽녘에는 '내가 이렇게 살면 뭐 하나' 싶어 죽어야겠다는 생각이 들어 약을 준비했다고 한다. '전도사님에게 전화나 한번 하고 죽어야지' 하고 새벽에 전화를 했는데 안 받아서 또 술을 먹고 '이제 진짜 죽어야겠다' 하며 약을 먹으려는 그 순간에 내가 전화를 했다는 것이었다. 성도를 향한 하나님의 사랑하심을 간절히 전하고, 자살 충동을 보혈로 묶는 기도를 했다.

사월 하순 어느 날 새벽 1시 반쯤 잠이 깼다. 깬 김에 기도하고 있었는데 새벽 2시 20분쯤 그 성도에게서 전화가 왔다. 전날 밤에도 9시쯤 울면서 전화했었는데 지난번 같은 일은 아닌지 싶어 얼른 받았다. 포도주 3병에 복분자 4병을 마셨다고 했다. 술을 많이 마셔서 횡설수설하는 것 같지만 진심이 담긴 말을 했다. 포도원 교회 김문호 목사님과 업소 정리를 위해 3일 작정 예배를 드렸다고 했다. 그리고 호주에 가 있는 아들이 5월 초에 귀국하는데, 그

아들을 목사시키겠다고 서원기도 했다고 했다.

새벽3시가 넘도록 전화 부흥회를 하며 중보기도를 해드렸다. 영과 육이 연약한 성도를 죽음같이 힘든 시간들을 견뎌내게 하시고, 삶의 방향을 하나님께로 바꾸도록 인도해 주시고 기다려 주시는 하나님의 자비로운 사랑에 영광을 돌린다.

곤고한 자가 이를 보고 기뻐하나니
하나님을 찾는 너희들아
너희 마음을 소생하게 할지어다 시편 69:32

선 줄로 생각하는 자는 넘어질까 조심하라

가을 어느 날, 기도처에서 예배를 드리고 지역장들과 담소를 나누는 중이었다. 한 지역장에게 미용실을 하는 구역원으로부터 전화가 왔다. 미용실에 오는 손님 중 한 명이 귀신이 나온다고 집에 못 들어가고 있는데 와서 기도 좀 해달라는 전화였다. 지역장이 나를 쳐다보며 의견을 물었다. "준비 기도 좀 하고 다음에 심방한다고 하세요"라고 말했다.

이렇게 말할 수 밖에 없는 남모르는 이유가 있었다. 안산에서 사역할 때, 한번은 자해하는 자매를 긴급히 담당 권사와 심방한 적이 있었다. 장례식장 옆에 있는 원룸에 들어가니, 자매의 아버지와 어머니가 답답하다는 듯 자매를 설득 중이었다. 아름다운 조선족 자매가 한국 남자와 교제를 했는데, 최근 실연을 하고 충격받아 자살을 시도한다는 것이었다. 자매의 하얀 손목에는 섬뜩한 눈이 문신되어 있었다. 나를 보면서 말하는데 나를 보는 것 같지 않았다. "전도사님, 수고하세요"라고 말하는데 자매가 아닌 다른 무언가가 말하는 것 같았다. 간단히 인사를 하고 합심하여 간절하게 기도드렸다. 자매는 멀뚱멀뚱 앉아 있었다. 내게 능력은 없지만 자매의 마음의 상처를 아파하며 예수님의 보혈을 의지하여 간절히 기도드리고 나왔다. 그 후로 아무 연락이 없었서 늘 마음에 걸렸다.

그런 일이 있던 터라 귀신이라는 말에 준비를 단단히 하고 심방해야겠다고 생각한 것이었다. 그러나 그 구역원이 "아니 순복음 교인들이 무슨 준비를 해요? 이 사람 매일 찜질방에서 자고 자기 집에 들어가지를 못해요. 와서 기도 좀 해 주세요!"라고 했다. 나 자신을 부끄러워하며 기도처로 오도록 부탁했다. 미용실 원장인 구역원이 문제의 손님과 함께 왔다.

그분은 임대아파트에 사는 분이었다. 그분의 말은 자기가 안방에 있으면 귀신이 계속 욕을 한다고 했다. 때로는 안방과 벽을 같이 쓰는 옆집에서 밤새 긁어대는 소리도 들린다고 했다. 밤에는 너무 무서워서 집에서 잘 수가 없어 낮에는 미용실에 있다가 밤에는 찜질방에서 잔다는 것이었다. 교구 임원과 지역장들과 보혈을 의지하여 간절히 기도해드리고 일수일간 작정 예배를 드리기로 하였다.

교구 전체에 알리고 그 다음 주부터 교구 작정 예배를 시작했다. 예배를 드리고 나서부터 귀신이 이렇게 욕을 한다고 했다.

"야, 이년아, 니가 그런다고 내가 나갈 줄 아냐?"

그러나 귀신의 기세가 조금씩 약해지는 걸 느낀 이 분은 살아야겠다는 의지로 무조건 순종했다. 새벽 예배, 수요 예배, 철야 예배, 지역 예배, 기도원 등 모든 예배에 참석했다.

며칠 후, 윗집이 점치는 집이라는 걸 알게 됐다. 전투 의욕이 상승된 나와 교구 성도들은 더 강한 믿음으로 힘있게 보혈 찬양을 했다. 귀신 쫓아내는 건 순복음이 전문이기 때문이다.

마지막 날 예배는 시작 전에 나와 한 지역장이 토요일 지역 예배 건으로 신경이 날카롭게 부딪쳤다. 순간 '아차, 우리를 분열시키려는구나' 싶어서 얼른 수습하고 더욱 집중해서, 오직 예수 그리스도를 찾고 부르짖으며 예배를 마쳤다.

다음날, 주일 아침 예배에 이 분이 기쁜 얼굴로 승리를 보고했다. 마지막 예배드린 날 밤에 귀신이 "야 이년아, 내가 졌다. 내가 나간다"라고 말했다는 것이었다. 그리고 점을 치던 그 윗집에서 점괘가 안 나와 점치는 걸 그만두기로 했다는 소식도 있었다. 우리 모두 기쁨으로 하나님께 영광 돌리는 감사기도를 드렸다.

그분은 한동안 신나게 예배를 드리며 정착해 나갔다. 교구 성도들께도 고마움을 표현하며 간증도 하며 잘 화합하며 지냈다. 두어 달 그렇게 지냈는데 어느 날부터 한두 번씩 예배에 빠졌다. 이런 저런 핑계를 대기에 단단히 당부를 드렸다. 계속 예배를 드려야 안전한 상태가 유지된다는 것을 거듭 강권했다. 그럴 때마다 "알지요, 그래야지요" 하고 대답했다.

그러더니 어느 날부터는 아예 예배에 안 나왔다. 지역 식구들에게 알아보니 취업을 해서 일하러 다닌다는 것이었다. 근처에 사는 성도들의 걱정이 늘어나기 시작했다. "아이구, 예배에 빠지면 안 되는데……", "돈 벌러 다니느라 정신이 없어……"라며 노권사들이 안타까워 하였다.

심방을 가도 만날 수도 없게 되었다. 임대아파트에 사는 분들은 기초 생활비가 지원되기 때문에 취업을 하면 거주 자격을 박탈당한다. 서로 고발하기도 한다. 몰래 돈 벌러 다니려니 정신력이 약한 분이 더 정신이 혼미할 것이 분명했다.

그렇게 몇 달이 지난 어느 날, 그분이 주일 아침 교구실로 성도들과 함께 기도 받으러 들어왔다. 아침인데 술에 잔뜩 취해 냄새를 풍기고 얼굴이 붉었다. 정신도 오락가락했다. 교구 버스를 같이 타고 온 성도들이 한 마디씩 하는 것이었다.

"또 귀신 소리가 들린대요", "술을 안 마시고는 살 수가 없대요."

더러운 귀신이 사람에게서 나갔을 때에 물 없는 곳으로 다니며 쉬기를 구하되 쉴 곳을 얻지 못하고 이에 이르되 내가 나온 내 집으로 돌아가리라 하고 와 보니 그 집이 비고 청소되고 수리 되었거늘 이에 가서 저보다 더 악한 귀신 일곱을 데리고 들어가서 거하니 그 사람의 나중 형편이 전보다 더욱 심하게 되느니라 이 악한 세대가 또한 이렇게 되리라

마태복음 12:43-45

위층의 점집이 이사 갈 형편이 안 되는 같은 임대아파트 거주자이기 때문에 작정 예배 끝나는 날 귀신이 나갔다고 해도 영적 전쟁은 계속했었야 하는 것이었다. 그러나 신앙 경험이 적고, 심령이 혼미한 이 성도는 다 끝난 것으로 생각하고 하나님을 떠나게 되니 나중 형편이 더 심하게 되었다. 임기가 끝나 다른 교구로 발령나게 되니 안타까울 뿐이었다.

23 성령이 말하게 하심을 따라

마포1 대교구 6교구에 발령받아 2013년 9월 첫 예배를 드리는 날이었다. 권사, 지·구역장들이 모여 예배드린 후에 교구 협의회를 하게 되었다. 협의회 장로의 인도로 시작한 협의회가 마무리 될 때쯤 권사 한 분이 교구 협의회장을 한 명 더 뽑자고 제안하였다. 한 교구에서 교구협의회장을 두 명 두자는 말은 교구를 2개로 분리하자는 말과 다름이 없다. 이 교구에는 화합되지 않는 두 그룹이 존재한다는 의미이다. 권사가 하는 말을 들어보니 그 권사가 속한 그룹이 무시당한다고 느끼고 있어 감정이 격해져 있었다.

티격태격하다 언성이 높아져 가기에 내가 끼어 들었다. "장로님, 오늘 저 처음 예배드리는 날입니다. 이 안건은 기도할 시간을 좀 주시고 다음 달 권지구 예배 때 다시 말씀 나누시지요"라고 말씀드렸더니 두 분이 자리에 앉았다. 분위기가 냉랭해진 권사, 지 · 구역장들에게 "교구의 평안과 문제 해결을 위해 내일부터 21일 작정 새벽 기도회를 드리겠습니다"라고 광고했다.

점심 식사를 하며 얘기를 들어보니 준교구 당시 분리됐던 신수동과 노고산동이 합쳐지면서 갈등이 계속 내재해 있다고 했다. 한때는 총무 권사를 두 명 둔 적도 있다고 했고, 현재는 회계만 따로 두고 있다고 했다.

하나님의 일은 논리로 하는 것이 아니라 기도로 하는 것이다. 기도하면 하나님께서 인도하시고, 하나님께서 해결해 주신다. 수십년된 갈등은 사람의 힘으로는 풀리지 않고, 시도할수록 더 시끄러워질 뿐이다. 기도 외에는 방법이 없다.

다음날 새벽부터 본교에서 나오는 위성 설교를 듣고, 작정기도회를 인도했다. 매일 기름 부어주시는 하나님의 말씀을 붙잡고 '우리 교구가 사랑으로 똘똘 뭉치게 하여 주옵소서!'라는 제목으로 부르짖어 기도했다. 여러 교구를 다녔어도 교구협의회 장로와 권사가 공적인 자리에서 언성을 높이는 것을 처음 본 충격도 있었고, 어딜 가든지 불만이 있고 하나 되기 힘든 요소는 있기 마련인데 하나님께서 주시는 사랑만이 하나되는 정답이기 때문이다.

사흘째 되던 새벽에도 '우리 교구가 사랑으로 똘똘 뭉치게 하여 주옵소서!'라고 부르짖어 기도하기 시작했다. 방언으로 얼마간 기도하던 도중 내 입에서 "신촌에 있는 대학들에 예수님의 보혈을 뿌리고 바르고 덮습니다!"라는 말이 튀어나오며 연세대 앞에서 신촌까지 이르는 도로가 마음에 떠올랐다. 당시는 그곳에서 동성애 축제가 이루어지고 있었다. 그와 동시에 대학가 주변과 신촌 일대의 향락 업소들, 모텔들, 산부인과들까지 마음의 눈이 확장되며 보혈로 정결케 하는 기도를 하게 되었다.

> 그들이 다 성령의 충만함을 받고 성령이 말하게 하심을 따라 다른 언어들로 말하기를 시작하니라 사도행전 2:4

오순절 날 '성령이 말하게 하심을 따라' 말하기를 시작했다'라는 기록이 있다. 대학가와 그 주변 향락 시설과 동성애 축제를 영적으로 보도록, 성령께서 말하게 하시는 기도는 내게 분명 다른 언어였고, 보혈로 그 죄를 정결케 하라는 뜻으로 받아들여졌다. 하나님의 인도하심을 느꼈으니 성도들과 함께 집중적으로 기도해야겠다고 각오했다.

먼저 신촌 지역 정결화를 위해 기도했다. 신촌 일대는 연세대, 이화여대, 홍익대, 서강대의 학생들과 다른 지역의 수많은 대학생들이 몰려드는 대학가이다. 이 대학생들을 대상으로 하는 악하고 더러운 문화와 배후의 사단을 보혈로 결박하고 쫓아내는 기도를 하였다. 더불어 사람의 영혼과 가정을 파괴하는 음란한 문화와 영업장들과 동성애 축제가 사라지도록 간절히 부르짖어 기도했다.

대학생들을 위해서도 기도했다. 우리나라의 지도자들이 될 대학생들의 순결한 영혼을 술과 음란 문화와 각종 중독으로 세속화시키는 사단을 결박하고, 대학생다운 정신의 부흥이 일어나도록, 영적 각성이 일어나 장차 나라와 국민에 기여하며 하나님의 공의를 세워 나갈 인재들이 되도록 기도했다. 개인적으로는 순복음의 원뿌리인 마포 권사들을 통하여 50년이 넘은 순복음의 깊은 영성을 배우기를 갈망하는 기도를 드렸다.

21일 다니엘 작정 새벽 기도회를 마치고, 다음 달 권지구 예배날이 되었다. 지난 달 권지구 예배 때 소란스러웠던 그 안건은 거론되지도 않았다. 성도들의 얼굴은 밝았고, 사랑으로 똘똘 뭉쳤다. 발령 당시 전도 목표 달성 28%로 대교구 꼴찌였으나, 전도에 은사 있는 분들이 계발되고, 적극 지원하고 기도하며 열매가 점점 많아지더니 2년 후에는 교구 목표를 208% 달성하게 되었다. 연세대 앞에서 신촌까지의 도로에서 행해지던 동성애 축제도 2015년부터 떠나갔다.

개인적인 기도에도 응답을 받았다. 다니엘 작정 새벽 기도를 하는 동안 참석한 성도들을 한 사람씩 안수기도했다. 우리 교구 기도처는 교회에서 가장 큰 기도처라 새벽 예배에 다른 교구에서도 많이 참석한다. 어느 날 새벽에도 안수하는데 발령받아 온 지 며칠 되지 않아 누구인지 다 알 수 없고 또 어두운 구석에 앉아 있어 얼굴이 보이지 않는 노인 성도 차례가 되었다. 안수하려고 등에 손을 대고 입을 여는 순간, 내 입에서 전혀 다른 말이 나왔다.

"거룩하다 거룩하다 거룩하다 주 하나님."

성령님의 임재가 온 몸을 사로잡아 심장이 조이는 듯 뜨거운 눈물이 흘렀다. 요한계시록 4:8에 나오는 네 생물의 찬양을 사람을 통하여 받으시는 놀라운 일을 경험했다.

대학가가 있는 교구로 발령받으니 그 대학생들과 그들

의 문화를 정결케 하도록 기도시키시는 하나님의 깊은 섭리를 생각하니 소름이 돋았다. 맡겨 주신 지역에서 하나님을 의뢰하는 하나님의 백성들을 왕같은 제사장으로 사용하여 하나님의 뜻을 선포하게 하시는 성령님의 인도하심을 체험하며 6교구는 담대한 영적 전쟁의 용사들로 세워져 갔다.

24 딸보다 먼저 엄마를 치료하시다

마포 대교구에서 사역할 때 일이다. 교구실에 주일기도 받으러 올 때마다 "전도사님, 죄송해요, 정말 죄송해요"라는 말을 자주 하는 집사가 있었다. 발령받아 온 지 1년 가까이 되도록 특별히 죄송할 일도 안 했는데, 고개를 조아리고 어찌할 줄 몰라 하곤 해서 그냥 마음에만 담아 두고 있었다. 뭘 죄송해하는 건지는 말이 없었다.

주님을 사모하는 분인데 자유롭게 하도록 해도 늘 스스로 죄스러워하였다. 늘 내게 조심스러워하고 거리가 느껴졌다. 사람마다 마음을 터 놓는데 걸리는 시간이 다 다르다. 특히 마음 아픈 기도 제목은 직접 털어 놓을 때까지 시간이 좀 필요하다.

어느 날 내게 조용히 찾아와 사연을 털어놓았다. 새로 부임한 대교구장이 일본 선교사 출신 목사인데 사실 딸의 치유를 위해 10여 년 전부터 기도 받으러 다녔다는 것이었다. 마침 우리 대교구장으로 발령받아왔기에 기도 받으러 갔는데, 이제 대교구장이 됐으니 담당 교구장에게 기도 받는 게 좋겠다고 권했다는 것이다. 그동안 담당 교구장 몰래 대교구장에게 기도 받으러 다닌 걸 미안해 하였던 것이었다.

심성이 여린 집사가 둘째 딸로 인해 얼마나 마음 고생을 하였는지 몹시 짓눌려 있었다. 매사 지나치게 조심스럽고 자꾸 뒤로 숨으려는 사람 같았다. 딸의 증세에 대해서도 정확히 말하지 않고 얼버무렸다. 대략 정리하면 딸이 대인 기피증세가 있어 사회생활을 할 수 없다는 것이었다.

주일에 딸과 함께 왔는데 딸이 나의 눈을 피했다. 내가 기도해드리고 대교구장 목사에게 가서 함께 기도받았다. 오랜 시간 기도를 받아서인지 대교구장과는 좀 더 편안하게 대하는 것이었다. 이 자매의 치유를 위해서 그 가정에서 3일간 지역 작정 예배를 드리기로 했다.

자매의 치유를 위해 기도하며 준비하는데 첫날 메시지

로 '사랑'에 관한 말씀을 주셨다. 의아해하면서 지역 식구들과 협의회 장로와 집사 가정으로 심방을 갔다. 거실에서 자매를 만났는데, 함께 예배드리길 권했더니 싫다며 자기 방으로 들어갔다. 하나님의 일은 시작도 과정도 인격적이어야 하니 본인이 싫다면 어쩔 수 없는 일이었다. 협의회 장로는 자매의 치유 작정 예배니까 자매를 데려다 예배드려야 하는 거 아니냐며 강하게 말하였다. 자매는 성인이고 자유롭게 선택할 의사가 있으니 억지로 예배드리게 할 수는 없지만 자매의 방에도 다 들릴 거라고 다독이며 기도회를 진행했다.

보혈 찬양을 힘차게 부르고 주님께서 주신 사랑의 메시지를 전했다. 그리고 자매의 치유를 위해 뜨겁게 부르짖었다. 기도 중에 조용히 자매의 방문을 열었다. 자매에게 안수기도를 해 주려고 집사에게 양해를 구하고 살짝 열었는데 귀에 헤드폰을 쓰고 뭔가를 하고 있었다. 예배 소리를 듣지 않으려고 하는 것이었다. 조용히 방문을 닫고 방문에 손을 대고 기도했다.

두 번째 날도 사랑의 메시지, 마지막 날도 사랑의 메시지를 주셨다.

너의 하나님 야훼가 너의 가운데에 계시니 그는 구원을 베
푸실 전능자이시라 그가 너로 말미암아 기쁨을 이기지 못하
시며 너를 잠잠히 사랑하시며 너로 말미암아 즐거이 부르며
기뻐하시리라 하리라 스바냐 3:17

자매의 영적 치유를 위해 마귀를 대적하는 영적 전쟁에
관한 메시지나 예수 그리스도의 승리와 보혈에 관한 메시
지를 주실 걸로 기대했는데 3일 내내 '사랑의 메시지'를
주셨다. 성령님께서 인도하시는 대로 작정기도회 마지막
예배를 드렸다. 보혈 찬양을 드리고, 스바냐서 말씀을 전
하고 우리 모두의 딸인 자매의 치유를 위해 그리고 딸로
인하여 고통받는 어머니인 집사와 동일한 마음을 품으려
고 애쓰며 주님 앞에 울며 불며 간절히 기도하고 마쳤다.
"할렐루야, 기적이 일어납니다!"하고 하나님께 손뼉 치
며 영광을 돌리는데, 집사가 고개를 푹 숙이고 있었다. '뭐
지?' 하고 생각하고 있는데, 집사의 어깨가 심하게 흔들리
며 꺼이꺼이 울기 시작했다. 우리들은 둘째 딸의 질환으로
인한 마음고생에다 얼마 전에 남편까지 명퇴당한 상황이
서러워서 우는 줄 알고 안스러운 마음으로 조용히 앉아 있
었다.

한동안 울고 난 집사가 눈물범벅이 된 얼굴을 다 들지도 못하고 말했다. 오늘까지 작정예배 마치고 죽을 생각을 하고 집안 정리를 다 해놓고 보따리도 싸 놓았다는 것이었다. 그런데 3일 내내 하나님께서 '내가 널 사랑한다'고 말씀해 주셨다는 것이었다. "하나님께서 내가 얼마나 힘든지, 얼마나 아픈지 다 알고 계신가 봐요"라고 하면서 또 격격 울었다. 우리 모두 다 울었다. 마음이 여리고 자존감이 낮아진 집사에게 우울증이 생기고, 죽을 각오를 할 정도로 아프고 힘들었을 상황이 짐작이 돼서 그저 같이 울었다. 지역의 권사들은 집사의 등을 어루만지며 "우리도 몰랐네, 그런 생각하는지 우리도 몰랐어"하며 눈시울을 붉혔다.

우리들은 딸의 치유를 위해 부르짖고 또 부르짖었다. 그런데 하나님께서는 딸보다 엄마의 깊은 마음의 병을 먼저 치유해 주셨다. 이십여 년 같이 지낸 지역 식구들도 몰랐던 마음의 상처를 고쳐 주시고 싸매 주셔서, 그 사랑으로 다시 일어서게 하셨다. 엄마 집사의 마음이 많이 밝아지고 씩씩해져 갔다. 딸을 위해서는 모일 때마다 함께 부르짖어 기도했다.

어느 주일에 엄마 집사가 기쁜 소식을 알려 주었다. 집

에서 같이 예배드리자고 하면 헤드폰을 쓰고, 극동 방송이
나 찬양을 틀어 놓으면 헤드폰을 쓰고 안 듣던 자매가 요
즘은 극동 방송을 들으면서 잠을 잔다는 것이었다. 많이
좋아졌다고 집사는 행복해하였다.

우리는 딸을 생각할 때, 딸의 근원인 엄마를 먼저 고치
시고 굳건해진 엄마를 통해 딸을 고치시는 하나님의 위대
하신 치유를 체험하는 놀라운 사건이었다.

25 어떻게 전도할까요?

2014년 9월의 첫날 자원하는 지역장들과 기도원에 올라갔다. 한 달에 한 번씩 대교구에서 기도원 성령 대망회를 하지만 여유있는 개인 기도 시간을 갖기 위해서 제안했다. 2015년 사역을 위해서 그리고 지역장들의 영성 훈련을 위한 제안이었는데 10명이 동참했다.

아침 일찍 기도원 버스를 타고 도착해서 개인 기도굴을 배정하고 보니 10시 30분이었다. 준비해 간 A4 용지 한 장과 볼펜 한 개씩을 나누어 주었다. A4 용지에는 딱 한 개의 질문이 적혀 있었다.

'어떻게 전도할까요?'

12시까지 각자 기도굴에 들어가 이 질문을 하나님께 드리고 답을 받아오라고 부탁하였다.

기도굴에 들어가자마자 흐느끼기 시작하는 지역장도 있고 찬양하는 지역장도 있었다. 나도 같은 질문지를 들고 주님 앞에 부르짖으며 나아갔다. 작년 말에 발령받아 이 교구에 왔는데, 대교구에서 가장 큰 교구인데 전도 목표 달성 28%로 꼴찌였다. 한해 동안 성도들과 함께 열심히 한다고 애는 썼는데 올해는 54%였다. 점점 좋아지고 있다고 성도들에게 용기를 주고 있지만 더 강력한 기도가 필요했다.

담당 교역자 입장에서는 주님의 도우심이 절실한 시점이라 부르짖어 기도하다 보니 시간이 너무 부족했다. 12시 알람 소리에 나와 보니 다들 모여 있는데 벌겋게 상기된 얼굴들이 보였다.

일단 기도원 식당에서 점심식사를 하고, 기도원 찻집으로 가서 차를 대접했다. 은혜받은 이야기들 하느라 시끌시끌해졌다. "전도사님, 얼마만에 이렇게 기도했는지 몰라요, 너무너무 은혜받았어요", "죄많은 사람이 제일 은혜 많이 받았다"는 총무 권사의 말에 우리 모두 한바탕 웃었다.

차를 마시며 질문지를 모두 회수해서 돌려 보았다. 무기명으로 했기 때문에 누구 글씨인지 모르고, 표현하는 방식은 조금씩 차이는 있었지만 결론은 한 가지로 정리가 됐다. 주님께 받은 정답은 '기도하라!'였다. 소름끼치듯 전율이 흘렀다. 모두들 같은 마음으로 숙연해졌다.

계속 기도하며 주님의 인도함을 받으며 주님께로 향하여 나아가는 것이 모든 하나님 일의 정답인 것이다. 연로하신 분들을 조심스럽게 안내하여 2부 기도회를 위해 엘리야 고지로 모두 올라갔다. 엘리야 고지에 서면 성도들의 묘지와 하늘 중간에 서게 된다.

모든 육체는 풀과 같고 그 모든 영광은 풀의 꽃과 같으니
풀은 마르고 꽃은 떨어지되 베드로전서 1:24

이미 오래전에 떨어진 꽃 같은 믿음의 선배들의 무덤을 지나 고지에 올라가서 하늘을 보면 하나님의 얼굴을 마주 선 듯 가슴이 벅차오르곤한다. 하늘을 바라보며 외치라고 권했다. "아버지, 저 왔어요!"라고 함께 큰 소리로 외쳤다. 눈물이 날 것 같았다.

2부 기도회는 손을 잡고 길게 서서 교구를 위해 함께 소리 내어 기도하기로 하였다.

'교구에 부흥을 주시옵소서!'라고 하늘을 향해 힘차게

부르짖었다. 잡은 손에 땀이 나고, 열기가 전해져서 우리는 모두 마음이 뜨거워졌다. 30분 정도 온 마음을 다 쏟아내고 기도했더니 시원한 평강과 기쁨이 찾아왔다. 후련했다. 우리의 간절한 마음을 주님 앞에 다 쏟아놓았으니 주님께서 책임져 주실 것이라는 믿음으로 하산했다.

9월부터 매주 2번씩 전도 기도회를 했다. 예배 후에 먼저 기도처 벽에 붙여 놓은 지역별 전도대상자 명단 앞에 지역별로 서서 그 영혼과 그 가정의 구원을 위해 기도했다. 그러고 나면 땅밟기 기도를 했다. 약 200평 정도인 기도처 가장 자리를 크게 원을 그리면서 돌았다. 앞사람 허리를 잡고 기차처럼 길게 늘어서서, 꼭꼭 밟는 걸음걸음에 보혈을 뿌리며 우리는 기도원 바닥을 한라산에서 백두산까지 밟는 마음으로 나라와 백성의 구원을 위해 기도했다. 또 마음에는 지구본을 품고, 태아를 품은 어머니의 심정으로 온 세계 열방의 복음화를 위해 발로 밟으며 기도했다. 전도 기도회로 모일 때마다 일곱 바퀴씩 돌았다.

땅밟기가 끝나면 힘든 분들은 앉아서 쉬고, 움직일 수 있는 분들은 율동으로 춤을 추며 하나님을 찬양했다. 서로 율동하는 모습에 허리가 끊어지도록 웃으며 어린아이들같이 하나님 앞에 춤을 추었다. 늙어 뻣뻣해진 몸에 운동이 된다고 연로한 권사들까지 동참하였다.

전도에 집중해야 하는 시기에는 유난히 중환자들 기도 제목도 많았다. 갑자기 암환자들이 여러 명 생겼다. 어떤 분은 "우리 교구가 왜 이러냐?"고 하셨지만, "부흥시키시려고 기도시키시는 거에요!", "기적이 일어납니다!"라고 다독여드렸다. 사실 큰 부흥이 올 때는 유난히 환자가 많아지는 경험을 여러 번했다. 환자 치유를 위해 정신 번쩍 차리고 온 교구가 깨어 기도하다 보면 부흥의 축복을 주시는 것이다. 일상적인 신앙 생활에서 깨우시려는 성령님의 도전으로 받아들이고, 환자 가정마다 일주일씩 교구 전체가 모여서 작정 예배를 드렸다. 한 남자 집사의 직장암 치유를 위해서는 여성도들의 작정 예배도 드렸지만, 처음으로 남자 성도들의 3일 작정 예배도 드렸다. 환자와 그 가정을 향한 애통함으로 깨어 부르짖게 하시고, 그 기도가 전도대상자를 향한 애통함으로 향하게 하셨다.

수술도 할 수 없었던 폐암 4기 남자 집사는 1년 동안 더 살면서 파더스 드림 봉사를 계속하여 교회 성도들에게 믿음의 본을 보이다 평안히 소천하였다. 대장암, 직장암의 남자 집사 두 분은 완치 받았고, 이난 전력이 있던 유방암 환자가 우리 교구로 다시 와서 투병하였다. 그리고 2015

년 새생명 축제는 208%로 목표를 초과 달성했다.

온 힘을 다해 하나님을 찾고 중보기도 하는 동안 모든 성도가 다 바뀐 건 아니었다. 전도에 관심 없는 지역장은 여전히 관심이 없었다. 기도회에 나오지 않는 제직도 여전히 나오지 않았다. 그러나 하나님의 기적은 사람 수에 있지 않았다. 열매를 맺던 권사는 폭발적으로 열매를 더 많이 맺었고, 전도한다고 열심히 좇아다니는데 열매를 못 맺는 권사는 교회에서 거저 줍게 하셨다. 연로한 교구협의회 장로는 노구를 이끌고 임기 동안 새벽 제단을 지켰다. 하나님을 최우선으로 사랑하는, 늘 참석하는 분들의 순종을 통하여 합력하여 아름다운 열매를 맺게 하신 것이었다.

2014년 가을부터 2015년 6월까지 용광로를 지나온 것 같았다. 나도, 권사들도, 지역장들도, 집사들도 모두 큰 싸움에서 이긴 용사가 된 것 같았다. 질병을 쫓아내고, 영혼 구원을 위해 마귀를 대적하는 하나님의 영적 전쟁에 동역했다는 것이 우리 모두에게 영광이 되었다.

우리가 알거니와 하나님을 사랑하는 자
곧 그의 뜻대로 부르심을 입은 자들에게는
모든 것이 합력하여 선을 이루느니라 로마서 8:28

26 순종하는 데 열매가 없잖아요

발령받은 지 얼마 안 되었을 때 지역장 한 분이 상담을 하러 왔다. 남편 사업이 부진해서 요양보호사 공부를 하여 취업을 하겠다는 것이었다. 가정 경제가 어려우면 부부가 함께 일을 하는 게 맞지만 지역장은 좀 다르다. 주의 종이나 마찬가지로 지역장은 부름받은 사명이 있어서 먼저 하나님의 나라와 의를 구하며 나가야 한다. 지역장이 사명을 잘 감당하기 위해 기도하며 나아가면 남편분의 사업이 반드시 축복받을 것이라고 간곡히 부탁하였다.

지역장이 돈을 벌겠다고 나가면 지역장 사명에 소홀해지고 지역이 영적으로 무너지고 지역 식구들도 흩어질 것은 너무도 분명하기 때문이다. 전에 사역하던 교역자가 일을 하라고 했다며 일을 하고 싶은데 내가 강하게 하니 기도해 보겠다며 돌아갔다. 그리고 주일에 와서 "주의 종 말씀에 무조건 순종하겠습니다" 하였다.

이 지역장은 성격이 강하고 고집이 있는 분이었다. 고향이 경상도라 억양이 억셌다. 지역 식구들 간에는 오랜 갈등이 있어서 모이기 쉽지 않은 지역의 지역장이었다. 그런데, 이 분이 늘 "무조건 순종하겠습니다!" 하였다. 전도 기도회 마치고 전도 나갈 때는 지역 식구도 없이 혼자 여기저기 다니는 것 같았다. 버스 정류장의 편의점 사장에게 전도했다고 하고, 어느 날은 아구찜 식당 사장에게 전도했다고도 했다. 격려해드리고, 그분들 구원을 위해 같이 기도했다. 그리고 그분들을 심방가자고 하여 즐겁게 편의점도 가고, 아구찜 식당도 갔다. 두 분 다 워낙 가게가 바빠서 잠시 편하게 말을 나눌 수 있는 처지가 못되었다. 그러나 꾸준히 그분들을 위해 기도해달라고 찾아왔다. 몇 달을 그냥 왔다 갔다만 하는 것 같았다.

어느 새벽에 기도하다가 그 지역장이 안타까워 "하나님, 순종하는 데 열매가 없잖아요"라고 말씀드렸다. 그 주일에 지역장이 웬 할아버지 한 분을 모셔 왔다. 교회에 도착해서 교구실로 오는 길에 두리번거리며 어디로 가야 할지 찾고 있는 할아버지를 만나서 모시고 왔다고 했다. 자세히 알아보니 종로에 사시는데 우리 교회를 찾아 물어물어 왔다는 것이다. 반갑게 맞아드리고 기도해드리고 선물도 드렸다. 그 지역장이 함께 예배드리고, 점심도 대접했다고 했다. 그때부터 매주 그 할아버지를 교회에서 만나 모시고 다니면서 정성을 다하였다.

할아버지 가정으로 심방을 갔는데, 종로2가 뒷골목 쪽방촌이었다. 지역장하고 셋이 들어가 앉으니 방이 꽉 찼다. 평생 결혼도 안 하고 막노동하며 떠돌아 다녔다고 하셨다. 80세가 넘었는데도 몸을 움직일 수 있을 때까지 일하겠다며 교회에서 해드릴 수 있는 도움도 거절하였다. 매주 은혜를 깊이 누리는 모습을 보며 간절히 기도해드리곤 했다.

어느 평일 오전에는 지역장이 편의점 사장을 모시고 왔다. 편의점이 버스 정류장 앞이라 도저히 주일이나 수요일에는 교인 손님들이 많아 모시고 올 수가 없다는 것이었다. 손님들이 없는 틈을 이용해 지역장이 몇 번이나 모셔와서 새신자 교육을 할 수가 있었다. 그러고도 꾸준히 심방을 하는 것이었다.

전도해서 지역으로 편입시킬 수 없는 분들이지만 순종

하는 지역장에게 하나님께서는 한 분씩 열매를 주셔서 섬
기도록 하셨다. 지역장은 철야 예배 성가대원으로, 지역장
으로, 자신의 위치에서 나서지도 않고 물러서지도 않고 자
리를 지켰다. 지역장이 돈을 벌지 않아도 남편분 사업은
어려운 중에도 꾸준히 유지되고 있었다. 그리고 2년 후에
큰딸이 우리 교회 목사와 결혼하여 사모가 되고, 손이 귀
한 시댁에 아들을 낳는 복을 누리게 되었다.

사무엘이 이르되 야훼께서 번제와 다른 제사를 그의 목소
리를 청종하는 것을 좋아하심같이 좋아하시겠나이까 순
종이 제사보다 낫고 듣는 것이 숫양의 기름보다 나으니

사무엘상 15 : 22

.

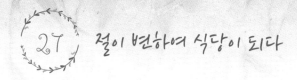

27 절이 변하여 식당이 되다

　전에 경영하던 학원은 도당산 근처에 자리하고 있었다.
산을 좋아하는 나는 학원을 운영하는 동안 여러 가지 핑
계를 만들어 초등학교 아이들과 딸과 함께 산에 올라가곤
했다. 꽃이 만발한 시기에는 '산상 수학 퀴즈 대회'를 도
당산에서 했다. 퀴즈 대회가 끝나면 모험 동산에서 기구들
을 타며 맘껏 뛰놀게 했다. 수업보다 일찍 온 아이들과 간
식을 먹으며 산에 있는 놀이터에서 놀다 오기도 했다. 눈
이 쌓이는 날은 비닐 푸대 하나씩 들고 도당산 정상 계단
옆에 있는 경사면으로 눈썰매를 타러 갔다. 시험이 끝나는
날은 시험이 끝났다고, 날씨가 좋으면 날씨가 좋다고 핑계

를 대고 종일 학교에 갇혀 있던 아이들과 산을 한 바퀴 돌고 내려 와서 수업을 하곤 했다.

춘의동에서 도당산으로 올라 오는 길 쪽으로는 장정 한 사람이 끌어안을 수 없는 오래된 벚나무들이 양쪽으로 줄지어 서 있어서 해마다 벚꽃 축제가 열리고, 여러 개의 동네가 산을 두르고 있어서 운동하러 올라오는 사람들이 많다. 도당동 쪽으로는 백만 송이 장미 언덕이 있고, 그 위로 모험 동산이 있어서 동네 아이들도 수시로 다닌다.

도당산 가장 안쪽 분지인 골짜기에는 절이 하나 있었다. 도당산 어느 언덕에서도 내려다 보이는 곳에 위치해 있었다. 산에 올라갈 때마다 절이 너무 거슬렸다. 산에 올라가서 절을 볼 때마다 '예수 피! 예수 피! 예수 피!'라고 기관총을 쏘아대듯 마음속으로 외쳤다. 보는 사람이 없으면 소리 내어 '예수 피!' 했다.

학원을 그만두고 전도사가 된 후에도 운동 삼아 가끔 산에 올라가곤 했다. 갈 때마다 점점 더 보혈에 대한 증가된 믿음으로 '예수 피!'라고 외쳤다. 절 근처에는 산행을 하는 사람들이 찾는 보리밥 집도 있고, 한정식 집도 있다. 그걸 보면서 '절이 변하여 식당이 될지어다!'라고 마음속으로 선포하곤 했다. '과연 될까?'하며 속으로 웃었다.

아주 오랜만에 어느 날, 남편과 함께 도당산으로 산보를 갔다. 도당산 꼭대기에 섰는데 절 모양이 이상해져 있었다. 가까이 가보니 레스토랑 겸 바비큐 야영장으로 바뀌어 있었다. 마음속으로 '할렐루야!'를 외치며 너무 신기하고 기이해서 레스토랑으로 들어갔다. 대웅전 자리였던 식당에 들어가서 음식도 시키고 구경하는 듯 대웅전 바닥을 발로 밟으며 '예수 피'를 발랐다. 예수님의 보혈이 절을 식당으로 바꾸셨다. 이후로는 신이 나서 보이는 절, 점집, 연등마다 '예수 피!'를 외친다.

부천소방서 119센터 옆에 부천대학 쪽으로 큰 불교용품점이 있었다. 그 뒤로는 성일교회가 있다. 내가 다니는 카센타가 그 길을 지나가야 해서 몇 번이고 지나다니며 불교용품점에 "예수 피!"라고 마음으로 선포하며 다녔다. '성일교회 교육관이 될지어다! 식당이 될지어다!'라고 볼 때마다 생각하고 선포하며 다녔다. 몇 년 동안 그렇게 지나다니는 게 습관이 되어서 몇 개월 만에 카센터에 갈 일이 있어서 지나가면서 쳐다봤더니 놀라운 일이 일어나 있었다.

일부는 성일교회 교육관이 되었고 일부는 메밀국수 전

문점이 되어 있었다. 할렐루야! 신기하고 놀랍다. 지나다
니면서 "예수 피! 예수 피! 예수 피!"라고 한 것밖에 없는
데, 마음의 기도 제목이 이루어졌다. 주 예수보다 강한 것
은 없다!

그들이 어린 양과 더불어 싸우려니와

어린 양은 만주의 주시요 만왕의 왕이시므로 그들을 이기실

터이요

또 그와 함께 있는 자들

곧 부르심을 받고 택하심을 받은 진실한 자들도 이기리로다

요한계시록 17 : 14

28 그리스도인의 마지막 인사

장로 한 분이 안산 고대 병원에 입원하여서 심방을 갔다. 3주째 식사를 못하고 미음도 못 넘긴다고 했다. 먼저 심방 다녀온 권사 한 분이 다리가 무릎까지 부은 걸 봤는데 그 위는 이불에 덮여 있어 못 봤다고 했다. 허벅지까지 물이 차면 사망한다고 한다. 2011년에 담낭암 수술을 하였고, 2년 후에 재발해서 재수술했다고 들었다. 신장 기능은 완전히 망가졌고 병원에서 해 줄 수 있는 게 없다는 말을 듣고 가는데 임종 전 마지막 예배일지도 모른다는 생각이 들었다.

내가 또 보고 들으매 보좌와 생물들과 장로들을 둘러 선 많은 천사의 음성이 있으니 그 수가 만만이요 천천이라 큰 음성으로 이르되 죽임을 당하신 어린 양은 능력과 부와 지혜와 힘과 존귀와 영광과 찬송을 받으시기에 합당하도다 하더라 내가 또 들으니 하늘 위에와 땅 위에와 땅 아래와 바다 위에와 또 그 가운데 모든 피조물이 이르되 보좌에 앉으신 이와 어린 양에게 찬송과 존귀와 영광과 권능을 세세토록 돌릴지어다 하니 네 생물이 이르되 아멘 하고 장로들은 엎드려 경배하더라 요한계시록 5:11-14

'하늘에서의 예배'에 관한 말씀을 주시니 '이제 장로님은 하늘에서 이 예배에 직접 참여하시겠구나' 하는 생각이 들었다. 입원한 분은 내가 발령받아 온 후 한 번 만난 적이 있다. 권지구 예배가 있던 어느 날 기도처로 오셨기에 식사를 같이 했다. 몇 마디 말을 나누지 않았는데, 산골짜기 맑은 시냇물 옆에 있는 것 같은 시원함이 마음에 닿아서 인상 깊게 남았다. 그러고는 사는 곳이 멀고 건강이 좋지 않아서 부인 권사를 통해 가끔 소식을 들을 뿐이었다. 장로께서 나를 칭찬한다는 말도 하였다. "잠시 한 번 봤는데 칭찬할 게 뭐가 있어요?" 했더니, "장로님이 수많은 사람을 겪어봐서 한 번 보면 아시지"라고 하였다.

그런데 입원하셨다는 소식을 듣고 지역장과 함께 멀리 심방을 갔다. 기운이 없어 눈으로 맞아주는 장로님을 뵈니 안타까웠다.

"전도사님, 기도만 해 주세요."

그런데 주님께서 전하라고 주신 말씀이 있어서 사도 신경을 고백했다. 입을 여는 순간 무언가에 압도된 듯 나는 단어 하나 하나를 꼭꼭 눌러가며 정성껏 했다. 마치 이 땅에서의 마지막 신앙의 고백인 듯 무게가 느껴졌다. 하나님 앞에 선 듯 덜덜 떨리는 마음으로 하늘에서의 예배를 준비하도록 말씀을 전하고 기도했다.

주기도문을 다 마친 순간 주님께서 내게 말씀하셨다.

'사랑합니다.'

장로님에게 이렇게 말하라고 하시는 듯 했는데 내가 자제했다. 왜 그랬는지 모르겠다. 그런데 바로 장로님이 먼저 "사랑합니다"라고 하셨다. 그래서 나도 "사랑합니다, 장로님"이라고 하였다.

돌아오는 길에 지역장은 놀랍다는 듯이 말했다. "전도사님, 아까 성령님의 임재를 강하게 느꼈어요. 그렇죠?"라고 내게 확인하였다. 그랬다. 신앙고백할 때부터 주기도문 사이에 성령님께서 그 자리에 계셨던 걸 나만 느낀 게 아니었다.

이틀 뒤에 소천하셨다는 연락이 왔다.

장례를 치르고 한 달 정도 지나서, 소천한 장로가 장로회 부회장으로 있을 때 안산 성전의 장로와 안산 성전 사건으로 나를 윤리위원회에 고발한 장로라는 걸 알게 되었다. 그 당시에는 장로 부회장이라고 들었는데 모르는 장로라 굳이 기억하지 않았고 신경 쓰지도 않았던 일이었다.

참으로 하나님께서는 신비로운 분이시다. 나를 윤리위원회에 고발한 장로를 나를 통하여 말씀으로 하늘 예배를 준비시키시고, 장례를 치르게 하셨다. 그리고 나는 몰랐지만 그분은 알았을 텐데, 주의 종을 윤리위원회에 고발한 안 좋은 관계를 "사랑합니다"라는 하나님 나라의 인사로 아름답게 마무리하게 해 주셨다.

사랑하는 자들아 하나님이 이같이 우리를 사랑하셨은즉 우리도 서로 사랑하는 것이 마땅하도다 요한1서 4:11

29 특별 계시가 아니면 안 돼요

갑자기 한 달 가까이 목소리가 나오지 않아 부천 순천향 대학 병원 이비인후과를 방문했다. 음성 테스트를 미리하고 담당 의사를 만났는데 직업이 뭐냐고 물었다. 전도사라고 했더니 어느 교회냐고 묻기에 '여의도순복음교회'라고 답했다. 갑자기 목소리가 커지더니 "아, 여의도순복음교회 뜨겁지요? 저도 안수집사입니다!"라는 것이었다. 그러면서 수술 날짜를 바로 잡는 것이었다. 나는 정신 없이 밀어붙이는데 좀 당황스러웠다.

오래 전 출산 후에도 같은 경험이 있었기 때문이다. 그 당시 한 종합병원에서는 후두내시경 촬영 자료로 목에 난

혹을 보여 주면서 수술하자고 하고, 고가의 검사도 진행하도록 진단했었다. 검사를 취소하고 다른 종합병원에 방문했더니 노의사가 목구멍을 들여다 보더니 한 달 정도 지나면 자연히 낫는다는 상반된 진단을 내렸었다. 그리고 한 달 후에 저절로 치유되는 일이 있었다.

그래서 이번에도 약물 치료하면서 좀 기다리면 되겠거니 하고 병원을 간 것인데, 큰 목소리로 수술 날짜를 잡는다고 이 날은 어떠냐 저 날은 어떠냐 하니 정신이 없었다. 조심스럽게 오래 전에도 이런 일이 있었고 자연 치유된 적이 있었다 라고 말했다.

"알아요, 알아, 그래도 이번에는 안 돼요. 특별 계시가 있지 않는 한 일반 계시로는 안 돼요!"라고 큰 소리를 치는 것이었다. 얼떨결에 수술 날짜를 잡고 나왔다.

집으로 돌아오면서 아무리 생각해도 마음이 엎찮았다. 안수집사라면서 주의 종한테 '특별 계시가 아니면 안 된다'라고 말하는 것이 뭔지 모르게 불편했다. 바로 병원에 전화해서 수술 날짜를 일단 취소했다.

당장 기도했다. "하나님, 안수집사가 전도사한테 특별 계시가 아니면 안된답니다! 특별 계시를 내려 주세요!"라고 기도했다. 믿음으로 치유된다는 걸 안수집사에게 증명

해야겠다는 오기가 생겼다. 며칠 동안 계속 부르짖었다.
"하나님, 특별 계시를 내려주세요!"

열흘만에 깨끗이 치료되었다. 당장 병원 안수집사 의사에게 전화하려고 전화기를 들었다가 '나았으면 됐지' 하는 생각에 슬그머니 전화기를 내렸다. 마음 같아서는 '특별 계시 받았다'고 알려주고 싶었지만, 의사는 병원에서의 역할이 있으니 수술을 권유할 수밖에 없었겠지 하면서 아쉬움이 남았다. 어쨌든 안수집사인 의사의 도전으로 전투욕에 불 붙어서 특별 계시를 빨리 받는 은혜를 누리게 되었다.

그는 자기를 경외하는 자들의 소원을 이루시며
또 그들의 부르짖음을 들으사 구원하시리로다 시편 145:19

30 VIP 의전

　대교구장 한 분과 관계가 별로 좋지 않았던 적이 있었
다. 교역자들과 함께 모여 차 마시는 자리에서 이야기 중
에 내가 한 말에 대해서 정색하며 무안을 주어 모욕감을
느낀 적이 있었다. 대교구장하고 안 맞는 부분이 좀 있던
터라 불쾌함을 심하게 느꼈다.

　이후로는 말없이 내 할 일만 하면서 부딪칠 일을 만들지
않았다. 물론 즐거운 마음으로 그분을 대할 수는 없었다.
늘 불편하고 거리를 두었다. 두 번째로 그분과 나의 생각
이 많이 다르다는 걸 확인했기 때문에 조심했다.

　한 달쯤 후에 대교구장을 강사로 교구 성령대망회가 다

가왔다. 미리 목회 계획을 잡아놓고 그런 일이 생겼기 때문에 취소도 안 되는 상황이었다. 교구 성령대망회 후에 식사를 대접해야 하는데 어디로 가야 할지 며칠 전부터 고민되기 시작했다. 총무권사는 내게 정하라고 하고, 식사 중 옆에 계속 앉아 있으려면 불편하니 VIPS로 가야겠다고 마음을 정했다. VIPS는 뷔페니까 좀 자유롭겠다는 생각이었다.

드디어 교구 성령대망회 날이 되었다. 새벽 예배시간에 오늘 있을 교구 성령대망회가 은혜의 시간이 되도록 기도했다. 대교구장을 위한 중보와 축복의 기도는 하지 않았다. 교구를 위해서만 기도했다. 한참 기도하다 깜빡 조는 사이에 "VIP 의전"이라고 주님께서 말씀하셨다. '네? VIP니까 VIPS로 가잖아요!' 하면서 웃음이 나왔다. 주님께서 왜 그런 말씀을 하시는지 너무 잘 알기 때문이었다. 대교구장을 VIP로 모시라는 말씀이신 것이었다. 어느 분의 말씀인데 내 감정을 고집하겠는가. 바로 "예수 피!"하여 내 상한 마음을 씻어 버리고, 대교구장을 축복하고 성령님께서 함께해 주시도록 기도드렸다.

그날 모든 일정에 즐겁고 감사한 마음으로 최선을 다하여 대교구장을 VIP로 모셨다. 식사 장소도 교구협의회 장

로가 정하도록 해서 즐거운 식사를 하게 되었다. 그리고
하루 종일 언어 유희를 즐기시는 우리 주님의 위트에 혼자
키득거렸다.

야훼의 말씀이 또 내게 임하니라 이르시되

예레미아야 네가 무엇을 보느냐 하시매

내가 대답하되 내가 살구나무(솨케드) 가지를 보나이다

야훼께서 이르시되 네가 잘 보았도다

이는 내가 내 말을 지켜(솨카드) 그대로 이루려 함이라 하시

니라 예레미야 1:11-12

그가 말씀하시되 아모스야 네가 무엇을 보느냐

내가 이르되 여름 과일(카이츠) 한 광주리니이다 하매

야훼께서 내게 이르시되 내 백성 이스라엘의 끝(케츠)이 이

르렀은즉 내가 다시는 그를 용서하지 아니하리니 아모스 8:2

31 물맷돌 기도회

    2016년 9월 하순의 어느 날, 교구실에 앉아 10월 목회 계획표를 짜고 있었다. 마음속으로 '10월 기도회는 어떻게 할까?' 하는데, 마음속에서 대답이 들렸다.

'물맷돌 기도회'

'어? 물맷돌 기도회? 하나님, 물맷돌 기도회가 뭐에요?'

    생소한 단어가 튀어나와 나는 의아했다. '여리고 기도회', '다니엘 기도회', '40일 기도회' 등등 많은 기도회를 해 보았어도 '물맷돌 기도회'는 낯설었다. 그러나 성령님께서 말하게 하신 것이라 여기고 계획을 잡았다.

    성령님의 음성을 들으면 즉각 시행해야 함을 큰 댓가를

치르고 배운 터라 바로 날짜를 잡았다. 첫 주 4일(화)에는 '권·지구 예배'를 잡고, 6-8일(목-토)에 물맷돌 기도회를 잡았다. '물맷돌'이니까 3일 잡았다. '물맷돌'이 아직 무슨 의미인지 이해되지 않았고, 어떤 주제의 기도회인지도 모르는 상황에서 날짜만 잡아서 목회계획표를 나누어 주고, 기도회를 알렸다. 설교할 말씀을 늘 미리 주시고 기도하도록 하셨는데, 부딪쳐 오는 말씀이 없어서 '물맷돌 기도회가 뭔가요?'라고만 계속 질문하며, 성령님의 인도를 기도하며 준비했다.

6일 새벽이 되었다. 습관적으로 그날의 뉴스를 검색하다가 정신이 번쩍 드는 기사를 보게 되었다. 서울대 인권센터에서 김보미 학생회장에게 '서울대 인권 가이드라인'을 만들라고 지시해서, 동성애자인 김보미 학생이 동성애 옹호와 교내 전도 금지 조항이 포함된 '인권 가이드라인'을 만들었다는 것이었다. 이미 총학생회 대표단에서는 이 '인권 가이드라인'이 통과되었고, 10월 10일(월)에 서울대학생 전체를 대상으로 하는 총투표가 행해진다는 기사였다.

'이거다!'라는 확신이 왔다. 10일에 있을 서울대 '인권 가이드라인' 학생 총투표가 부결되도록 기도시키시려는 주님의 의도를 깨달았다. 전투욕이 확 솟았다. 싸워야 할

대상이 무엇인지 실체를 파악하고 나면 전투력이 상승한다. 설교 메시지가 가슴으로 와 부딪쳤다. 영적 전쟁에 관한 메시지들이다.

왜 기도회 제목이 '물맷돌'인지도 파악이 됐다. 골리앗과 맞선 다윗이 하나님의 이름으로 나아갈 때, 손에 든 물맷돌 몇 개는 아무 능력이 없는 돌이었지만, 성령 충만한 다윗의 손에 잡혀 물매로 던져졌을 때 골리앗의 이마에 박혀 그를 쓰러뜨렸다. 나와 성도들은 이름 없는 돌 몇 개와 같은 존재이지만, 성령님의 손에 잡히면 우리나라를 쓰러뜨리려고 계속 도전해오는 골리앗 같은 동성애와 그 배후의 사단은 반드시 쓰러질 것이다. 왜냐하면 예수님께서 이미 승리하셨기 때문이다.

당시는 몇 번에 걸쳐 국회에 상정된 '동성애 차별금지법'이 부결된 시점이었다. 법무부에 의해서 그리고 민노당, 민주당, 통진당 몇몇 국회의원들에 의해서 여러번 국회에 상정되었으나 국민들의 극렬한 반대에 부딪쳐 부결되었다. 그런데 포기하지 않는 사단은 어린 대학생들을 이용하려 했던 것이었다. 만약 서울대학교에서 동성애 옹호가 포함된 '인권 가이드라인'이 통과된다면, 전국 대학으로 불같이 번져갈 것이다. 또한 '인권 가이드라인'이 발판이 되어서 동성애 옹호 세력들의 '동성애 차별 금지법'을 국회에서 통과시키려는 시도가 힘을 받을 것이다. 이러한 의도를 가진 어른들에 의해서 아직 어리고 미숙한 김보미 학생회장과 그와 같은 학생들은 이용당하게 될 것이 분명했다.

10월 6일부터 8일까지 교구 전체가 격렬하게 부르짖어 기도했다. 온 세계를 다니며 기독교 강대국들을 장악한 동성애가 골리앗 같이 우리나라 대문 앞에서 대문을 부수려고 흔들고 있는 상황이었다.

"10일에 있을 인권 가이드라인 투표가 부결되게 하여 주시옵소서! 이를 위하여 전체 대학생들과 교수들과 학부모들과 그리스도인들이 일어서게 하여 주시옵소서!", "우리나라만은 안 됩니다! 우리나라 땅과 국민들 위에 예수님의 보혈로 인칩니다. 거룩하고 정결하게 하여 주셔서 악이 닿지도 못하게 하여 주옵소서!"

'김보미 학생회장'과 동성애 학생들을 위해서도 어머니의 마음으로 울고 또 울며 기도했다. 아직 어린 우리들의 딸과 아들인 학생들을 사로잡아 영과 육을 파괴하는 '동성애'의 흉악의 결박이 끊어지도록 기도했다. 그리고 먼 훗날 자유케 된 그들이 동성애자들을 회복시키는 '치유의

약'이 되기를 축복했다.

10월 10일 투표일이 되었다. 월요일이라 휴무일이었지만 내가 해야 할 일은 한 가지밖에 없었다. 한 주간 내내 '권지구 예배', '수요예배', 물맷돌 기도회'로 영적 싸움을 많이 한 연로한 권사들을 또 부를 수가 없어서 혼자 기도처로 갔다. 투표 당일인데 '인권 가이드라인' 투표가 마무리되는 시간까지 부르짖어 기도해야만 했다.

오전 9시에 도착해서 홀로 기도하는데, '이런 날 기도의 동역자들이 있으면 얼마나 좋을까' 하며 외로운 싸움을 하고 있는 기분이 들었다. 10시쯤 됐을까 두런두런 소리가 들리며 기도처 문이 열렸다. 지역장 한 분과 구역장 한 분이 들어왔다. 너무 반가워서 "할렐루야!"하며 맞았다. 두 분이 월요일에 모여 성경 읽고 기도하곤 했다는 것이었다.

셋이서 12시까지 '인권 가이드라인'이 부결되게 하여 주시기를 간절히 기도했다.

다음날, 확인해 보니 서울대학교 '인권 가이드라인'은 총학생 투표에서 부결되었다. 투표 당일 서울대 정문 앞에는 대학생들과 학부모들, 교수들 그리고 그리스도인들이 모여서 '인권 가이드라인' 부결을 외쳤다는 기사와 사진이 실렸다. 우리 교구처럼 부르짖은 그들의 모습에서 위로를 받았다. 그리고 우리는 서로의 존재조차 모르며, 각자의 자리에서 각자의 삶을 살아가지만 성령님의 손에 잡혀 다윗의 물맷돌처럼 함께 그날의 골리앗을 쓰러뜨렸다.

그날, 전도 기도회로 모인 우리 교구는 기쁨을 나누었다. 기도하는 사람들을 일으키셔서 일하시는 성령님의 기이하고 놀라운 일에 쓰임 받고 승리한 감격을 담아 감사의 예배를 드렸다.

손을 주머니에 넣어 돌을 가지고 물매로 던져 블레셋 사람의 이마를 치매돌이 그의 이마에 박히니 땅에 엎드러지니라 사무엘상 17:49

32 시청 광장으로 와라

마포 6교구에서 동성애 축제가 신촌에서 떠나가도록 부르짖은 기도의 응답은 받았으나 시청 광장으로 옮긴 걸 알고 나서는 기도 제목을 바꾸어야 함을 절감했다. 단순히 '떠나가라'고 명령하면 다른 곳으로 옮겨 그 악이 계속되니, 동성애 배후의 사단을 예수 그리스도의 보혈로 결박하여 견고한 진을 파하는 강력한 기도가 필요했다. 양천 12교구로 발령받아 온 이후에도 동성애 중보기도를 계속했다. 우리나라가 마지노선이라는 간절함을 가지고 기도하고 있다.

최근 우리나라에 성범죄가 급격히 많이 나타나는 현상

과 동성애는 상관 관계가 있다. 성범죄나 동성애는 사람을 대함에 인간의 존엄성을 무시하고 자기 욕망의 대상 또는 도구로 삼는 결과물이다. 그 생명을 지으신 하나님을 멸시하고 대적하는 악의 열매인 것이다. 그러나 상처는 수술해야 치료된다. 동성애와 성범죄 그리고 여러 가지 죄들이 드러나 악취가 나지만 말씀의 성령의 검으로 수술하고, 보혈로 깨끗게 해야 한다. 이 일들을 교회와 성도들이 기도로 해야 하는 것이다.

"보혈로 동성애는 결박 받고 동성애자들에게서 분리될지어다!", "보혈 안에서 동성애자들은 영과 육이 자유케 될지어다!", "동성애와 그 배후 사단의 진은 보혈로 결박 받고 소멸될지어다!"

기도는 영적 전투이다. 기도는 영적 장악력이다. 마지막에는 "예수께서 이미 승리하셨다!"고 선포함으로 이미 승리는 우리의 것임을 선포하였다.

2017년에는 7월 15일에 시청 서울 광장에서 동성애 축제가 진행된다고 하였다. 7월 들어 이 문제에 대해 기도하는 중에 주님의 음성을 들었다.

'시청으로 와라!'

동성애 축제 현장으로 와서 직접 그 땅을 밟고 중보기도하기를 주님은 원하셨다.

주중 사역 시간을 고려해 10일(월) 오후 4시에 서울 광장으로 갔다. 혼자 서울 광장을 돌며 동성애자들의 죄를 보혈로 씻어 주시길 기도하며 나아가니 하나님의 마음을 부어 주셨다.

첫날은 동성애 축제 조직위원회의 분열과 동성애자들의 치유, 회복, 구원을 위해 기도했다. 둘째 날은 축제 현장과 참가자들에게 보혈의 비를 부어 주셔서 죄를 씻어 주시기를 기도했다. 셋째 날에는 동성애 자녀들을 둔 부모의 애통한 마음을 부어 주셔서 울며 땅밟기 기도를 했다. 이 날은 신학교 동기 목사가 동행하여 함께 기도했다. 13일에는 다시 혼자, 나라와 백성의 정결을 위해, 서울 광장이 보혈의 연못이 되어 거룩한 샘물이 솟아나도록 기도했다. 14일에는 오후에 동성애 축제 측 행사가 예정되어 있어 오전에 가서 기도하였다. 나라의 지도자들에게 영적, 윤리적 통찰력을 주셔서 하나님의 공의를 이루어가도록, 온 국민이 다 일어나 동성애를 대적하도록, 기독교뿐 아니라 천주교, 불교, 유교까지 모두 동성애를 물리치는 데 하나가 되어 우리나라만은 깨끗하게 지켜 주시기를 간절히 기도했다.

2018년에는 동성애 축제를 앞두고 직할 권사들과 장로 한 분과 함께 여리고 기도회를 서울 광장에서 가졌다. 다른 교회에서도 소수 인원이 와서 기도회 하는 것을 볼 수 있었다. 지금 당장 성과가 나타나지 않아도 기도는 계속되어야 한다. 아브라함이 간청했던 열 명의 중보자나 예레미야에게 말씀하셨던 그 한 명의 중보자가 되어서라도 우리나라를 정결케 해 주시기를 간절히 기도해야 한다.

아브라함이 또 이르되 주는 노하지 마옵소서 내가 이번만 더 아뢰리이다 거기서 십 명을 찾으시면 어찌 하려 하시나이까

이르시되 내가 십 명으로 말미암아 멸하지 아니하리라

창세기 18:32

너희는 예루살렘 거리로 빨리 다니며 그 넓은 거리에서 찾아보고 알라 너희가 만일 정의를 행하며 진리를 구하는 자를 한 사람이라도 찾으면 내가 이 성읍을 용서하리라

예레미야 5:1

직할 성전에 와보니 1년에 몇 차례씩 해외 여행을 하는 권사들이 많이 있었다. 성도들이 관광으로만 가지 말고 그 나라와 국민들에게 십자가의 보혈을 뿌리며 구원과 거룩함을 위해 중보기도하면 왕 같은 제사장의 사역이 되리라는 마음을 주셨다. 기회가 되는 대로 여행을 이용한 보혈 사역에 대하여 설교했다. 여행지 대부분이 동성혼 합법 국가이거나 타종교 국가이다.

여행을 준비하면서부터 그 나라와 국민을 위해 기도하고, 비행기에서 그 나라를 내려다보면서 보혈을 뿌리며 중보하도록 강권했다. 여행 일정에 따라 이동하면서 그 땅을 직접 밟으며 십자가의 보혈을 뿌리고, 지나가는 그 나라 사람들을 바라보며 보혈로 인치며 구원과 거룩을 위해 기도하도록 부탁하였다.

우리는 기도하며 영으로 온 세상을 다 다닐 수 있는 성령의 능력을 받았다. 하나님의 뜻을 위하여 보혈과 성령의 은사를 사용하면 할수록 영적 능력은 더욱 풍성해질 것이다.

33 8시간 기도회

2015년 4월 30일 새벽에 내가 현관문을 열었는데 머리를 빡빡 밀은 중이 쑥 들어왔다. 나는 멍하니 바라 보고만 있었다. "예수 피!"라는 말이 나오지 않았다. 땀을 흠뻑 흘리며 잠에서 깨어났다. 그즈음 내가 큰 죄를 지어서 회개하고 주님 앞에 근신하고 있었는데, 나의 죄가 사단에게 문을 열어준 것이었다. 사단은 죄를 통해 합법적으로 우리의 삶을 침범한다. 그 중이 딸 친구라고 하면서 들어왔다고 딸에게 꿈 이야기를 했다. 딸애가 '머리 깍고 산에나 들어 갈까'라는 생각을 했다고 했다.

들어오는 걸 보여 주셨으니 나가는 것도 보여 주실 것이라 생각하며 매일 2-3시간씩 기도했으나 반응이 없었다. 그 후 딸에게는 여러 증상들이 나타나기 시작했다.

고2가 된 아이는 학교에서 야간 자율학습을 하지 않고 집으로 와서 방에 가만히 누워 있곤 했다. 대학교에 진학하지 않겠다고 해서 6개월을 공부하지 않고 허비하기도 했다. 15년 5월 8일 아침에는 왼팔이 풍선처럼 부풀었다. 림프부종이라는데 의사들이 원인을 찾아내지 못했다. 약물 치료와 누워서 팔을 올리고 있어야 했다. 학교 생활로 인한 스트레스가 많았는지 그 즈음 아이는 '입원하고 싶다', '가마니처럼 가만히 누워 있고 싶다'라고 하더니 진짜 가만히 누워서 5일을 결석해야 했다.

갑자기 온 몸에 두드러기가 생겨서 서울대학병원에 다녔으나 원인을 찾을 수 없었다. 집에서 키우던 강아지에게 물려 정형외과에 같이 가서 주사를 맞았는데 약물 쇼크인지 쓰러진 적도 있었다. 치과에 가려고 같이 지하철을 타고 가다가 갑자기 눈이 안 보인다고 해서 내려서 토한 적도 있었다. 탈모로 6개월간 피부과 치료를 받기도 했다. 아이에게 계속되는 질병으로 아이나 나나 힘든 시간을 보내고 있었다.

그러던 중 2017년 6월 26일에 '8천만 민족 복음화 대성회'가 있어서 연세중앙교회에 성도들과 함께 참석했다.

강사로 나온 윤석전 목사께서 "3시간 기도하면 자기 신앙 간신히 유지하고, 5시간 기도하면 문제가 해결되고, 8시간 기도하면 카리스마가 나타납니다"라고 하셨다. 평소 3시간 기도가 목표였고, 그것도 제대로 지키지 못하는 날이 많은데 '8시간 기도'라는 말이 큰 도전이 되었다. "그래, 주의 종인데 카리스마가 나타나야지. 8시간 기도해 보자!"라고 마음 먹고 휴가가 오기를 기다렸다.

휴가 첫날, 새벽부터 시간을 적어가면서 기도하고, 성경을 읽었다. 식사도 하고, 장도 보고, 간단한 집안 일을 하면서 최대한의 시간을 투자했다. 저녁 기도를 마치고 말씀 읽은 시간과 기도 시간을 다 합쳐보니 총 9시간이었다. '3일간 해 보자!'라는 각오를 하고 잠자리에 들었다. 문득 중이 내 얼굴을 흘겨보면서 나가는 걸 보고 정신이 확 들어보니 꿈이었다. 새벽 시간인 것도 잊고 "우리 딸, 살았다!"라고 박수를 쳤다. 그 후로 아이는 혼자 하는 재수 생활을 잘 마치고 하나님의 은혜로 국립대에 합격하게 되었다. 사단이 공격하여도, 문제가 생겨도 말씀과 기도는 이기게 하는 하나님의 능력이다.

하나님의 말씀과 기도로 거룩하여 짐이라 디모데전서 4:5

34 다시 살아난 안수집사

    2017년 11월 13일(월) 밤 8시경 전도부장 지역장에게서 전화가 왔다. 머리가 심하게 아파 병원에 갔다 돌아와서 좀 쉬고 있는데, 가게에 있던 남편이 속이 메스껍고 머리가 아프다고 손을 덜덜 떨더니 의식을 잃고 쓰러져서 119 차 타고 병원으로 가고 있다는 것이었다. 그 댁에서 가장 가까운 부천성모병원일 거라 생각하고 확인 문자를 하며 병원으로 달려갔다. 응급실에서 30~40분 심폐소생술을 했는데 안수집사는 심근 경색으로 의식이 없고, 피가 빨리 돌지 않도록 하기 위해 저체온 치료를 해야 하는데 설비가 없어서 얼음으로 체온을 떨어뜨리고 있는 실정이었다.

저체온 설비가 되어 있는 강남성모병원으로 이송 결정이 났는데 20분만에 도착해야 한다는 것이었다. 비오는 저녁 9시에 평소 한 시간 거리를 20분만에 부천에서 강남까지 간다는 건 불가능해 보였지만 기도밖에 없었다. 교구 전체에 긴급 중보기도 요청 메시지를 보냈다.

지역장에 의하면 홍해가 갈라지듯이 차가 갈라지고 신호가 바뀌어지고 해서 정말 20분만에 도착해서 저체온 치료를 받을 수 있게 되었다고 했다. 강남성모병원에 도착해서도 급박한 상황의 연속이었다고 했다. 밤 12시경에 저체온 상태에서 심근경색을 일으킨 막힌 혈관 세 군데를 뚫는 수술을 했고, 48시간 안에 깨어나지 않으면 가능성이 없다고 했다.

의사가 지역장에게 "할 수 있는 건 다 했다. 1%도 기대할 수 없는 상황이다"라고 하며 마지막 방법으로 '저체온 치료법'을 권했다고 했다. 저체온 치료는 심장 기능이 일시 정지된 환자의 체온을 인위적으로 내려 신진대사 및 산소 소비량을 감소시킴으로 뇌세포 파괴를 막는 치료법이라고 했다.

소식을 듣고 다시 교구 전체에 48시간 안에 깨어나도록 긴급 중보기도를 부탁했다. 나도 간절히 기도하는 중에 새벽 기도 시간에 말씀으로 응답을 받았다.

평안을 너희에게 끼치노니 곧 나의 평안을 너희에게 주노라 내가 너희에게 주는 것은 세상이 주는 것과 같지 아니하니라 너희는 마음에 근심하지도 말고 두려워하지도 말라
요한복음 14:27

대교구 교역자들께도 중보기도를 부탁하고, 아침 일찍 위임 목사 비서실로 가서 긴급 병원 심방기도를 요청했다. 안수집사는 수술 후 의식이 깨어나지 않은 채로 저체온 치료를 계속하고 있었다. 이영훈 위임 목사께서 오후 12시 40분에 오셔서 중환자실에 있는 안수집사에게 안수기도를 해 주셨다. 오전 내내 의사는 상황을 부정적으로 판단했는데 안수기도 후 오후 2시경에 "환자가 약간의 의식을 보인다"고 의사가 말했다고 했다.

안수집사 가정에는 외동딸이 하나 있는데 결혼 적령기이다. 나도 딸 하나라 애타는 마음으로 간절히 중보했다. '주님, 지금은 안 됩니다. 딸 하난데 안수집사님이 깨어나 아버지 노릇 할 수 있게 해 주세요! 결혼도 시켜야 하고

이 다음에 할아버지 노릇도 할 수 있게 해 주세요! 안수집사님은 남선교회 교통실에서 그 추운 새벽에도 헌신하시고, 지역장님은 힘에 넘치게 전도하느라 무릎을 다쳐서 다리 수술을 해야 한대요. 주님, 그 충성을 기억해 주세요! 하나님, 살려 주세요!'라고 기도했다.

수요일 새벽에 잠에서 깨는 순간 환상을 보여 주셨다. 시커멓게 줄 지어 선 사람들 맨 끝에 있는 남자를 뒤로 돌려 세워서 그 남자를 간절히 바라보고 있는 여자에게 주시는 환상이었다. "우리 안수집사님 살았다! 하나님, 감사합니다!"라고 외치며 감사기도를 드렸다.

수요일 오전 마침내 의식이 돌아왔다. 낮 12시 30분에 중환자실 면회를 마친 지역장으로부터 연락이 왔다. 어제까지 반응이 없던 뇌파가 안수기도 받은 후부터 반응이 있었고 면회 시 몸도 움직이고, 딸이 이야기하니 눈도 뜨고 반응을 보인다며 모두 기도 덕분이라고 하나님께 영광을 돌렸다.

그날도 교구 식구들과 병원 심방을 했으나 중환자실 면회가 한 명만 가능해서 교구 식구들과 함께 기도실에서 미리 치유 감사예배를 드렸다. 밤 9시에 다시 연락이 왔다. 안수집사가 의식을 찾으니까 몸부림이 심해져서 치료가

지연되고 의료진들이 애를 많이 쓰고 있다며 치료 잘 받을 수 있도록 기도를 부탁했다. 교구 성도들에게 다시 연락해서 함께 중보기도했다.

목요일에도 중환자 심방 시간에 맞출 수가 없어서 시간 되는 대로 가서 기도실에서 치유를 위해 중보기도했다. 오후 6시쯤 연락이 왔다. 안수집사 상태가 많이 좋아지고 편안해졌다는 것이었다. 중환자실 간호사가 "목사님이 기도하신 게 효과가 있나 봐요. 그때 이후로 급속도로 변화가 일어나서 의료진들도 놀라고 '정말 목사님이 기도한다고 치료되나?'라고 하고 있어요"라고 말하더라는 것이었다. 그리고 아주 드문 케이스라고 금요일 오전에 SBS 방송국에서 촬영하러 오기로 했다는 것이었다.

그러나 금요일 아침 9시에 예정 됐던 방송 촬영은 취소되었다. 상태가 좋았던 안수집사가 그 시각에 부정맥이 와서 심폐소생술을 했고, 다시 수술하여 심장 제세동기를 넣는 수술을 해야 한다는 것이었다. 돌연사를 막는 기도를 부탁해왔다. 담당 의사가 기적같은 치유라고 자신과 병원의 명예를 높이려고 SBS 촬영팀을 불렀던 것이었다. 하나님의 영광을 가로채려는 시도는 하나님께서 기뻐하지 않으신다.

추수감사주일에 교구 성도들과 함께 심방을 했는데 의사가 말했다.

"당신은 하나님이 살려 주신 사람이다."

안수집사는 여러 차례 심정지가 일어났지만 뇌에 전혀 손상이 없고, 몸에 마비가 오지 않았고, 어느 한 군데 이상이 없었다. 하나님의 치유는 완전하시다!

안수집사는 쓰러진 지 2주 만에 퇴원했고, 현재는 몸이 다 회복되었다. 처음 병원에서 '가망 없다'는 판정을 받았으나, 믿음으로 남편을 살린 경험이 있는 영적 전쟁의 용사 지역장의 간절한 믿음과 부르짖음으로, 그리고 이영훈 목사님의 기도로 안수집사는 부활했다. 어떤 경우에도 다급한 일을 겪지 않도록 말씀과 환상을 통하여 평안으로 붙잡아 주시며, 충성된 당신의 백성을 다시 살리시는 하나님께 영광을 돌린다.

35 생수의 근원은 사랑이다

새벽에 꿈을 꾸었다. 나는 아래를 내려다 보며 날아가고 있었다. 아래에 펼쳐진 광경은 너무나도 아름답고 평화로우며 활력이 넘쳐났다. 가운데로 투명하고 맑은 강이 흐르고 있었고 강바닥에는 대리석이 깔려 있었다. 따사로운 햇빛이 강 위에 빛을 뿌리고 있었다. 강에는 많은 사람들이 헤엄치며 웃으며 즐기고 있었다. 강 옆에는 나무들이 줄지어 있었고 그 옆으로 2층짜리 멋진 빌라들이 끝도 없이 길게 늘어서 있었다. 빌라에서 강으로 대리석 계단이 설치되어 있이 계단에 앉아 발을 담글 수도 있었다.

나도 저기서 살고 싶다는 생각이 간절해지며 계속 날아

가는 데 물줄기가 점점 약해지는 것으로 보아 상류로 가고 있는 것 같았다. 어머니의 뱃살같이 굴곡이 있는 넓은 대리석 암반 위로 맑은 물이 흘러내리고 있었다. 점점 위로 올라가다가 배꼽같은 작은 구멍에서 물이 솟아나오고 있는 것을 보았다. 그것을 무심히 바라보고 있는데 주님의 음성이 들렸다.

"생수의 근원은 사랑이다!"

이 꿈은 전 날 밤에 주님께 드린 질문의 답인 것 같았다. 성경 말씀을 읽다가 궁금한 부분이 있어 저녁 기도 시간에 여쭈어보았던 것이다.

명절 끝날 곧 큰 날에 예수께서 서서 외쳐 이르시되 누구든지 목마르거든 내게로 와서 마시라 나를 믿는 자는 성경에 이름과 같이 그 배에서 생수의 강이 흘러나오리라 하시니

요한복음 7:37-38

"주님, 생수의 강이 왜 하필 배에서 나오나요?"라고 질문했었다. 상류의 대리석 암반이 나를 낳으신 어머니의 뱃살로 인식되었고, 배꼽은 탯줄이 어머니와 태아를 연결하여 영양과 물, 곧 산 자에게 생수를 공급하는 중요한 곳이

다. 한 생명이 또 다른 잉태된 생명을 자라게 하는 연결점
이 배꼽인 것이다. 내가 이해할 수 있도록 주님께서 보여
주신 것이리라.

하나님의 사랑은 말씀으로 표현되고 물의 성격을 가지
고 있다. 물은 살아 있는 것들을 살아 있게 하며 낮은 곳
으로 더 낮은 곳으로 흘러서 마침내 가장 낮은 곳에 고이
게 된다. 물이 낮은 곳으로 흘러가듯 하나님의 사랑도 낮
은 곳으로 흘러간다. 하나님의 말씀이 세상에서 상처받아
패인, 지치고 곤고한 가난한 이들에게 전파되는 까닭이다.
하나님의 말씀은 물처럼 매이지 않고 나아간다. 내게 고여
있는 하나님의 사랑이 생수로 솟아나길 기도한다. 내 속에
서 영생하도록 솟아나는 샘물이 되기를 갈망한다.

내가 주는 물을 마시는 자는 영원히 목마르지 아니하리니
내가 주는 물은 그 속에서 영생하도록 솟아나는 샘물이 되
리라 요4:14

36 그는 기도해야 산다

2018년도는 교회 전체가 성경 일독 이상 하는 해로 이영훈 목사께서 선포하셨다. 늘 읽는 말씀이지만 새로운 마음으로 성경을 대하여 예수님을 깊이 만나는 성숙한 신앙이 되기를 바라며, 성경을 다독한 개인과 교구를 시상하여 격려했다.

직할 성전에서도 10월부터 12월까지 함께 모여 성경을 일독할 계획을 세웠다. 직할 성전의 권사들은 지시가 없어도 1년에 일독씩은 꾸준히 하는 거룩한 욕심을 가진 분들이 많다. 그럼에도 매일 모여 성경 읽기에 도전하려는 것은 개인주의적 성향이 강한 직할 성도들이 성경 일독으로 하나되는 일에 함께하기 위한 결정이었다.

수요일은 점심 식사 후에 성경 통독을 하는데 수요일마다 목사 한 분이 안 보였다. 무슨 일이 있는 건지 그 목사에게 물어보니 중보기도팀 담당이라 중보기도를 인도해야 한다고 했다. 성경 통독을 하기로 함께 결정했으니 중보기도팀 성도들도 참여해야 한다는 생각을 전했다. 목사는 중보기도팀 시간이 수요 예배 후라 겹쳐서 총무 목사 승인하에 중보기도팀을 인도한다고 하였다. 그러나 나로서는 납득이 안 됐다. 교회 전체가 함께 하기로 결정한 사역인데 따로 다른 사역을 한다는 게, 특히 그 목사 교구는 대부분 중보기도팀 소속이라 그 교구만 따로 행동하는 게 옳지 않다고 생각했다. 이런 생각이 들다 보니 점점 그 목사가 일상생활에서 거슬리기 시작했다.

그렇게 두 달쯤 시간이 지났는데 어느 날부터 기도가 막히기 시작했다. 답답하게 뭔가 막힌 것같이 내가 하나님께 하는 말이 주님께 가지 않는다는 느낌이 오기 시작했다. 원인이 무엇인지 금방 알았다. 하나님께 투정부리듯이 말씀드렸다.

"하나님, 그 목사님이 교회 전체와 따로 행동하는 건 당 짓는 것이나 마찬가지 아닌가요?"

주님께서 말씀하셨다.

"그는 기도해야 산다"

충격이었다. 나는 그분을 부분적으로 알고 부분적으로 판단했던 것이었다. 그러나 주님께서는 각 사람을 온전함으로 이끄신다.

우리는 부분적으로 알고 부분적으로 예언하니

온전한 것이 올 때에는 부분적으로 하던 것이 폐하리라

고린도전서 13:9-10

계속 기도하는 중에 어려서 부모를 잃은 그 목사가 처한 고난의 길에서 잘못된 길로 가지 않고 목사가 되도록 인도하신 하나님의 위대하신 사랑이 마음에 부딪쳐와서 눈물의 감사기도를 드렸다. 나도 그런 하나님의 위대한 은혜로 주의 종이 되었기 때문이었다. 그 목사에 대해 가졌던 불편함이 사라지고 목사를 위해 진심으로 중보할 수 있게 되었다. 그리고 형제를 싫어하게 되면 나와 그 형제 간의 문제보다 더 답답한 것은 하나님과 나 사이에 벽이 생긴다는 걸 체험하게 되었다.

나라와 백성을 위하여 울라

2018년 3월부터 5월까지 영적전쟁학교를 강의했다. 여의도순복음교회 직할성전 안태경 담임목사가 비전스쿨을 개강하자고 제안하여 교역자들이 한 과목씩 전교인을 대상으로 강의하는 프로그램이었다. 교회의 사명인 전도대상자를 전도하는 것만큼 기존 성도들을 영적 전쟁에 능한 용사로 훈련시켜서 능동적으로 전도하고 교육할 수 있는 주의 군대로 세우는 것이 매우 중요하다.

나의 강의는 일주일에 한 번 매주 화요일에 있었다. 3월부터 4월까지는 이론공부를 하고 5월부터는 기도 훈련에 들어갔다. 기도하지 않으면 하나님의 능력이 나타나지 않는다. 9시간의 말씀과 기도를 통해 귀신이 쫓겨나가는 하나님의 능력을 체험한 나는 이 기도 훈련 과정에 하나님께서 역사해 주실 거라고 큰 기대를 품었다.

기도 훈련 첫 날인 5월 1일(화)에는 3시간 기도회를 했다. 15분 이내로 찬양과 말씀을 전하고, 기도 제목은 나라와 백성과 교회로 한정했다.

그런즉 너희는 먼저 그의 나라와 그의 의를 구하라
그리하면 이 모든 것을 너희에게 더하시리라 마태복음 6:33

나라와 민족과 교회를 위해 먼저 기도하면 개인 기도 제목은 상상 이상으로 풍성하게 채워 주시는 경험을 여러 번 하였다. 우리들은 먼저 예수님의 보혈을 먹고 마셔 자신부터 무장한 후에 3시간 동안 나라와 민족과 교회가 하나님의 나라와 의를 이룰 수 있게 해달라고 기도했다.

이론 공부하는 두 달 동안에는 수강 성도가 20명이 넘었는데, 3시간 기도회에는 10여 명이 참석하였다. 믿음 좋다는 권사들조차 3시간 기도회에 도전하는 것이 쉽지 않다는 걸 알 수 있었다.

기도 훈련 둘째 날인 5월 8일(화)에는 5시간 기도회를 가졌다. 오전에 3시간 통으로 기도하고, 점심 식사를 함께 하며 1시간 휴식을 가졌다. 다시 오후에 2시간 통으로, 총 5시간 동안 나라와 민족과 교회와 열방 위에 예수님의 보혈을 뿌리고 바르고 덮으며 우리의 마음과 정성과 시간을 드렸다. 앉아서 하다가 일어서서 하다가 몇 걸음씩 움직이면서, 오전 9시에 시작한 기도회가 오후 3시에 마쳤다. 5시간이나 기도했다는 뿌듯함 같은 것도 없고 몸이 힘들었다. 그러나 하나님 발 아래 우리가 굴복함으로 하나님께서 우리나라와 민족의 간절한 소망에 역사해 주시기를 기대했다. 4월 27일(금) 판문점에서 있었던 남북정상회담이 그리고 5월 25일에 예정된 사상 최초 북미정상회담이 남북을 가로막는 막힌 담을 허물고, 핵 위협으로부터 자유케 하며 통일의 문이 열리는 계기가 되기를 갈망하며 엎드렸다.

주 야훼께서 이같이 말씀하셨느니라 그래도 이스라엘 족속이 이같이 자기들에게 이루어 주기를 내게 구하여야 할지라⋯⋯ 예레미야 36:37

기도 훈련 셋째 날인 5월 15일(화)에는 8시간 기도회를 가졌다. 오전에 3시간 기도하고 1시간 점심 및 휴식 시간을 갖고, 오후에 5시간을 기도하여 오후 6시에 마쳤다. 대통령과 지도자들에게 지혜의 영으로 채우시고, 외교의 통찰력을 주셔서 북한과 일본, 미국, 러시아, 중국 등의 관계에 하나님의 나라와 의가 먼저 이루어지도록 기도했다. 이스라엘을 축복하고, 동성혼 합법국가들, 타 종교 국가들의 구원과 거룩을 위하여 기도했다. 특히 동성혼 합법국가가 된 과거 기독교 강대국들의 교회들이 깨어 순결함을 회복하도록 기도하였다.

다음날 새벽에 환상을 보여 주셨다. "열매 맺지 못하던 나무를 다 베어버리고 이 나무로 싹 바꾸었다"라고 하시는 말씀을 들으며 보니 산마다 큼직한 조롱박 모양의 노란 열매가 가득했다. 우리의 기도를 기쁘게 받으셨다는 뜻으로 해석이 되어 날아갈 듯 마음이 즐거웠다.

매주 화요일마다 영적전쟁학교 강의를 했는데 그 다음 주는 5월 22일(화) 석가탄신일로 휴일이었다. 새벽에 남북을 가로막은 벽 앞에 막혀서 가슴이 찢어질 듯 답답하여 통곡을 하는데 "나라와 백성을 위하여 울라"라는 말씀과 함께 잠에서 깼다. 꿈이었던 것이다. 베개가 눈물로 젖어 있었다. 꿈을 꾸면서 울었던 것이었다.

가슴이 서늘하여 깨자마자 아침 기도를 하는데, 문득 주님께서 주시는 마음이 있었다.

교인들은 보통 석가탄신일에 자유로운 시간을 갖는다. 주일 성수해야 하는 교인들로서는 주중의 휴일이 가족과 또는 교인들과 즐길 수 있는 시간이기 때문이다. 그런데 이슬람권 사람들을 위해서는 라마단 기간에 그들의 영혼 구원을 위하여 기도하는데. 석가탄신일에 불교 신자들을 위한 기도 모임을 한 적이 없었다는 생각이 들었다.

우리나라는 반만년의 역사를 가졌다고 하는데 그 오랜 시간 동안 불교의 문화에 속해 있었다. 현대를 사는 우리들의 생활 습관과 생각 속에는 그 불교 문화의 흔적이 많이 남아 있다. 이와 같이 우리나라 역사의 대부분이 여러 우상들을 섬긴 역사이다. 기독교가 전해지기 전까지 몰라서 우상 숭배했다고 해도 그 시간들에 대해 우리는 하나님 앞에 회개해야만 한다. 또 일제 강점기에 있었던 우상 숭배와 상처와 분노의 결과가 남북 분단이라는 쓰디쓴 열매를 맺었다는 인식하에 그 아픈 시대를 우리는 회개해야 한다.

북한이 공산화된 것이 북한 사람의 죄가 남한 사람의 죄보다 많아서는 아닌 것이다. 소련이 통치하기 용이한 지

정학적 요인 때문이었을 것이다. 북한 사람들 특히 북한에 있는 하나님의 백성들이 겪는 고난, 순교, 학대와 굶주림은 우리 모두의 고통인 것이다. 우리나라의 긴긴 역사를 통한 우상 숭배를 눈물로 회개하며, 나라와 민족과 남북한 국민들을 새롭게 해 주실 것을 기도했다.

> 맑은 물을 너희에게 뿌려서 너희로 정결하게 하되
> 곧 너희 모든 더러운 것에서와 모든 우상 숭배에서 너희를
> 정결하게 할 것이며 예레미야 36:25

5월 24일(목) 뉴스를 통하여 북한이 함경북도 풍계리 핵실험소를 폐쇄하는 것을 보았다. 수년 동안 우리나라를 위협해 오던 핵실험소가 폐쇄되었다. 북미정상회담을 앞둔 쇼라는 시각도 있었고, 얼마 후에는 풍계리보다 더 큰 핵실험소가 있다는 뉴스도 있었다. 북한이 진정으로 핵을 폐기하지는 않을 거라는 전망도 있다. 상반되는 뉴스의 홍수 속에서 어떤게 진실인지 알 수 없고, 앞으로 어떻게 진행될지 장담할 수 있는 사람은 없다. 오직 하나님 앞에 기도하는 사람들을 통하여 하나님의 공의와 정의가 세워질 것이라는 것만이 확실하다. 예정되었던 5월 25일의 북미정

상회담은 돌연 취소되었다.

5월 29일(화)은 영적전쟁학교 종강일이었다. 이 날은 땅밟기 기도회로 마무리할 계획이었는데 연로하신 권사들이 많으셔서 지도를 이용하여 실내에서 마음의 땅밟기 기도회를 하였다.

우리나라 전도와 대륙별 지도를 크게 확대하여 준비하였다. 우리는 큰 테이블에 우리 자신이 지구본의 한 지점인 것처럼 둥그렇게 둘러 앉았다. 각 사람 앞에는 우리나라 전도와 대륙의 지도 중 한 장씩 놓여졌다. 앞에 놓인 나라와 대륙을 왕처럼 영으로 보고 마음의 발로 밟으며, 제사장으로서 대속의 보혈을 뿌리고 구원과 성결을 위하여 기도하였다. 예수 그리스도께서 각 나라와 대륙의 참된 왕이심을 선포하고 친히 다스려 주시기를 간구하였다. 각 대륙에 하나님의 나라와 의가 이루어지도록 간청하였다.

나의 신호에 맞추어 오른쪽으로 지도를 돌려가며 각 사람이 지구 전체의 대륙과 나라들을 위하여 기도하는 데 주님의 큰 은혜와 감동이 우리 가운데 임하여 뜨겁게 울며 기도하였다.

"나라와 백성을 위하여 울라!"는 하나님의 명령을 실행하기 위하여 그 다음주 화요일부터 일주일간 교구에서 여리고 기도회를 하였다. 영적전쟁학교 강의 중에 부어 주셨던 하나님의 마음을 나누며 교구 성도들과 한 주간 여리고 기도회를 하며 나라와 국민을 위하여 기도회를 하였다.

특별히 북한을 위하여 많이 울게 하셨다. 그 땅에서 70여 년 간 고통받아 온 하나님의 백성을 생각할 때 애간장이 녹는 듯 아파하게 하셨다. 동방의 예루살렘이라 불리웠던 평양과 부흥의 근원지였던 원산 등 하나님께서 사랑하시던 교회들이 다 무너지고, 하나님 백성들의 순교와 고문, 핍박, 굶주림과 박해당함을 지켜보시는 아버지 하나님의 고통스러운 마음이 느껴졌다.

마른 뼈 같은 하나님의 백성들을 다시 살리셔서 죽음 같은 고난에 단련된 그 믿음으로 열방에 빛을 발하는 하나님의 군대로 일어서도록 기도하였다. 무너졌던 교회들이 다시 세워지고 성령의 불이 산불처럼 번져가서 모든 열방이 모여들어 위대하신 하나님을 찬송하게 해달라고 간구하였다.

우리나라와 교회를 위하여도 기도하였다. 우리나라 지도는 타오르는 성령의 횃불모양으로 생겼다. 우리나라 교회에서 횃불 같은 성령이 분수처럼 솟아나 열방에 성령의 불을 던지는 상상을 하며 기도하였다. 성령의 불이 떨어지는 곳마다 성령의 불이 붙어 번져가는 꿈을 꾸며 기도하였다. 세계가 동성혼 합법화로 영적 흙탕물로 뒤덮이고 있는 이 세대에 세계 곳곳에 있는 한국 교회와 선교사들이 거룩한 보혈이 솟아나는 샘물되어 보혈의 강물이 흐르고, 흙탕물을 정결하게 하기를 기도하였다.

신기하게도 기도회 마지막 날에 사상 최초의 북미정상회담이 싱가폴에서 개최된다고 하여 이 회담이 통일의 시작이 되기를 기도하였다. 회담 일정에 맞추어 여리고 기도회를 하도록 목회 계획을 하게 하시고, 기도해야 할 제목들을 주셔서 모든 성도들과 함께 기도하게 하시니 하나님의 섭리가 신비하고 놀라울 뿐이다.

38. 파리, 영국 지도, 벨기에

2018년 1월 14일 주일 저녁 집에서 기도하고 있었다. 환상 중에 목자가 되시는 예수님의 모습이 나타나며, '파리'라는 글자를 보여 주셨다. '파리'가 마음으로 훅 들어왔다. 파리를 깨끗하게 해 주시도록 보혈을 뿌리고 바르고 덮는 기도를 했다. 동성혼 합법국가인 프랑스의 회복을 위해서도 기도했다.

다음날인 1월 15일 새벽에 꿈을 꾸었다. 주차장에 보혈을 병으로 붓는 장면과 함께 찬양이 울렸다. '주님 나라 위하여 길 떠나는 나의 형제여!' 복음성가 '파송의 노래'의 한 구절이었다. 나를 보혈 사역으로 파송하시는 것 같았다. 직접 가서 발로 밟으며 보혈을 뿌려 프랑스를 정결케 하라는 지시로 인식되었다.

그 다음날인 1월 16일 새벽에는 영국 지도를 보여 주셨다. 프랑스에 이어 영국을 추가하여 두 나라에 보혈을 뿌리고 바르고 덮는 기도를 하였다.

1월 18일 새벽에는 '벨기에'라는 글자를 보여 주셨다. 벨기에의 수도 브뤼셀에는 유럽 연합본부가 설치되어 있다. 왜 하필 영국, 프랑스, 벨기에만 보여 주실까라고 생각했는데 확인해 보니 세 나라는 유로스타로 연결되어 있었다. 이 일을 계기로 동성혼 합법국가들을 세계지도에 표시해보니 단연 서유럽이 강했다. 2001년 네델란드를 시작으로 전통적 기독교 강대국들, 특히 구교와 신교의 싸움으로 수많은 순교의 피를 흘렸던 나라들이 이제는 동성혼 합법 국가로 변해 있었다.

2018년 6월 마지막 주에 서유럽으로 휴가를 갔다. 직접 그 땅을 발로 밟으며 그 나라 사람들을 보며 보혈로 정결케 하는 기도의 제단을 쌓기 위해서였다. 주님께서 보여 주신 파리－영국－벨기에로 목적지를 정하고 일정을 짜다 보니 예상 경비가 너무 커서 여행사의 패키지 상품으로 결정했다. 네델란드, 벨기에, 룩셈부르크, 프랑스, 독일을 둘러보는 가장 저렴한 상품으로 정했다. 마침 이 5개국이 모두 동성혼 합법국가여서 의미있는 여행이 되었다.

혼자 하는 소박한 중보기도지만 여행 중 새벽 꿈에 큰 호박 2개와 작은 호박 3개를 보여 주셔서 하나님께 열매로 열남됐다는 위로를 받았다.

기독교 강대국들이었던 대부분의 서유럽국가들이 동성혼 합법화로 인하여 영적 영향력을 사단에게 빼앗기고 있는 것처럼 보인다. 동성혼 합법화로 인하여 서유럽에서 교회와 목회자가 받는 다양한 위협과 방해가 보고되고 있다. 이제 서유럽의 교회는 동성혼 합법화로 인하여 받는 압력과 공격으로 인하여 잠자던 성도들이 깨어 부르짖어 기도함으로 교회의 거룩함을 회복하게 될 것이다. 보혈 안에서는 화가 변하여 복이 된다. 동성혼 합법국가라 할지라도 각 나라의 진정한 통치자는 예수 그리스도이시다. 예수 그리스도의 피를 각 나라와 국민들에게 뿌리고 바르고 덮어야 한다. 예수 그리스도의 보혈을 고백하는 곳에는 예수님의 생명이 부어져서 하나님의 나라와 의를 이루게 된다.

율법을 따라 거의 모든 물건이 피로써 정결하게 되나니 피흘림이 없은즉 사함이 없느니라 히브리서 9:22

로마를 정결하게 하라

2018년 11월 23일 새벽 "로마!"라는 음성과 함께 '새벽 종이 울렸네, 새 아침이 밝았네'라는 어린 시절에 들었던 '새마을 노래'의 한 구절이 마음에 떠오르며 잠에서 깼다.

하루 종일 마음속으로 주님께 질문했다. '주님, 이 꿈이 무슨 뜻인지 알려주세요' '새벽 종과 새 아침의 의미는 무엇인가요?' 오래 전에 '로마'와 관련된 메모를 했던 것 같아 일정표를 찾아보았다.

2017년 3월 12일 주일 아침 7시 예배 중에 나도 모르게 깜빡 조는 사이 환상을 보았다. 내가 로마 바티칸 광장에 서서 예수의 이름으로 축복을 선포하는 환상이었다. 그리고 '그 날에 주의 영이 임하여'라는 찬양이 마음 가득 울려퍼졌었다. 그때는 이것이 무슨 환상인가 보다 주일예배 시간에 좋았다는 생각에 메모만 해놓고 잊고 있었다.

서유럽을 위하여 현장에 가서 기도할 때 주님의 인도하심과 순종에 대한 응답이 있었기에 '로마'를 위한 여행을 계획했다. 2019년 2월 말이 은퇴이기에 최대한 빠른 일정으로 잡았다. 주님의 명령이 떨어지면 바로 순종해야 주님 명령의 중요성을 조금이라도 더 정확히 느낄 수가 있다. 시간을 끌며 지체하면 주님 명령의 실제성이 흐려진다.

2019년 3월 8일 '로마'여행을 예약하고 기도로 준비하던 3월 4일(월) 저녁 기도시간이었다. 평상시보다 늦은 밤 10시에 기도하고 있는데 주님의 음성이 들렸다.

"로마를 정결케 하라!"

이번이 3번째이다. 틀림없이 '로마'를 위해 중보기도하라는 주님의 뜻이 분명하다. 로마를 정결케 하려면 죄를 정결하게 하시는 예수 그리스도의 보혈을 뿌리면 된다.

"주님, 로마의 무엇을 위해 기도할까요?"

나의 질문에 내 입이 대답했다.

"교황과 바티칸 지도자들을 새롭게 하소서!"

2017년 동성애 축제 기간에 천주교의 동성애 축제 지지 기사를 본 적이 있고 신부들의 성범죄는 끊임없이 보고되고 있다. 전 세계가 동성혼 합법화로 들끓고 있는 이 시대에 먼저 교황과 바티칸 지도자들이 '하나님께 성결'을 회복하도록 중보하였다.

> 하물며 영원하신 성령으로 말미암아 흠 없는 자기를 하나님께 드린 그리스도의 피가 어찌 너희 양심을 죽은 행실에서 깨끗하게 하고 살아계신 하나님을 섬기게 하지 못하겠느냐
>
> 히브리서 9:14

여행 첫날 바티칸에 가게 되었는데 입장을 기다리는 동안 로마 가이드가 충격적인 이야기를 하였다. 2018년에 교황이 동성간 결혼식을 허락해서 이탈리아 전역이 동성애 찬·반으로 난리가 났었다는 것이었다. 교황이 하나님의 종이라면 일회성으로라도 할 수 없는 일을 한 것이 된다.

바티칸을 둘러보며 한 걸음씩 꼭꼭 밟으며 예수 그리스도의 정결케 하시는 보혈을 뿌리고 '교황과 바티칸 지도자들을 새롭게 하소서!'라는 주님 주신 기도제목으로 중

보하였다. 2017년 주일에 보여 주신 환상대로 바티칸 광장에 서서 예수님의 보혈을 뿌리고 바르고 덮고, 예수님의 이름으로 바티칸이 새로워지기를 축복하였다. '그 날에 주의 영이 임하여 큰 부흥 이 땅 위에 일어나리라!' 그날 주신 찬양대로 그리스도인의 희생의 피가 가장 많이 뿌려진 이 땅에, 대대로 하나님을 대적하는 대명사인 로마에 주의 영이 임하여 역설적인 큰 부흥이 일어나기를 축복하였다.

여행 중 매일 새벽마다 보혈의 제단을 쌓으며 기도하고 일정 가운데 보혈을 뿌리고 밤에도 보혈을 뿌리는 기도를 했다. 보혈이 뿌려진 곳에는 예수님의 생명이 임하셔서 부활과 승리와 정결함이 임하게 되는 것이다. 로마와 바티칸의 진정한 통치자는 예수 그리스도이심을 선포할 때마다 은혜와 기쁨이 분수처럼 솟아났다.

여행에서 돌아온 후에 주님께 말씀드렸다.

"로마까지 갔다 왔는데 별 반응이 없네요?"

얼마 후 6월 10일에 교황청의 발표가 있었다. 현대적인 '성 정체성 개념'이 인간의 본성에 위배되는 것이라는 교육 지침을 발표했다. '남성과 여성, 하느님이 그들을 창조했다'라는 제목의 31쪽짜리 문서를 통해 성을 후천적으로

선택할 수 있다는 현대의 '성 정체성' 개념이 남성과 여성
사이의 태생적인 차이를 부정하고, 가족의 가치를 불안정
하게 할 위험이 있다고 비판하였다.

40 해나는 교회

2019년 2월말 여의도순복음교회에서 정년퇴직하게 되었다. 부르심을 받았을 때 "여의도순복음교회에서 10년만 훈련받게 해 주세요!"라고 기도했었는데 정말 약 10여 년 만에 정년퇴직할 나이가 되었다. 내가 한 기도가 아니라 성령님께서 인도하신 기도였다는 생각이 든다.

3월 들어서 휴가처럼 쉬고 있는데 딸이 주일에 설교해 달라고 건의를 했다. 내가 주일 설교를 하면 교회 개척이 되는 거라 기도해 보고 결정하겠다고 대답했다. 며칠 간 기도하는 중에 2018년 6월 18일 새벽에 교회 이름을 주신 것이 생각났다. 2018년 6월 17일은 여의도순복음 직할 성전에서 나의 마지막 새생명 행복 축제날이었다. 전도가 너무 안 돼서 10년 사역 중 가장 힘들고 어려운 전도 축제였다. 최선을 다해 순종한 것으로 위로하며 힘든 마음을 저녁 기도 시간에 주님 앞에 고백했었다. 사역 기간 중 전도 목표를 초과 달성한 것도 전도 목표를 전혀 달성하지 못한 것도 모두 주권이 주님께 있다는 마음을 주셔서 '이 모든 일들이 다 훈련이었고 주의 은혜였구나'라는 생각을 하게 되었다.

그 다음날 새벽에 주님께서 '해나는 교회'라고 말씀해 주셨던 것이다. 그때는 메모만 해 두었는데, 문득 그 생각이 나서 주님께 질문했다.

'주님, 제가 '해나는 교회'를 해야 하나요?'

주일 아침에 응답을 받았다.

너희가 즐겨 순종하면 땅의 아름다운 소산을 먹을 것이요

이사야 1:19

If you are willing and obedient, you will eat the best from the land

앞으로 어떻게 살아야 할지 고민인 나는 최고 좋은 것으

로 먹이시겠다는 말씀에 바로 순종하기로 했다. 즉각 순종하면 축복이 100배지만, 미적거리다 순종하면 60배, 30배인 걸 여러 번 경험했기 때문이다. 이 말씀, '즐겨 순종하는 것'이 신앙의 119인 것이다.

2019년 3월 24일 가정에서 첫 예배를 드렸다. 여의도순복음교회에서 사역하는 10년 동안 방치되었던 가족들에게 내가 말씀을 전함으로 성령으로 하나 되게 하시는 것도 하나님의 큰 은혜임이 분명했다. 앞으로 주께서 이루실 일을 위한 동역자 훈련의 시간이라는 생각이 들었다.

그 후 12번 주일 제단을 쌓고, 가정에서 이렇게 가족들과 계속 예배드리는 것이 맞는지 다시 한번 주님의 확인을 받아야겠다는 생각이 들었다.

첫 번째 확인 질문에 대하여 주님은 다음날 새벽 '아보가드로의 수'라고 말씀하셨다. 아보가드로의 수는 기체 1mol에 들어 있는 분자의 개수로 그 수는 7.02×10^{23}개이다. 기체 1mol에 들어 있는 아보가드로의 수는 어떤 기체이든 그 개수가 동일하고, 그 수는 상상할 수 없이 크다. 이 말씀은 내게 이렇게 말씀하시는 것 같다.

큰 교회든 작은 교회든 교회는 주님께 동일한 가치가 있고, 그 교회를 통하여 구원받는 영혼의 수는 사람이 능히

셀 수 없는 수라고 말이다.

화학을 전공한 내게 화학적 방법으로 답하시는 주님의 위트에 큰 위로를 받았다. 두 번째 확인 질문을 했다. "이 렇게 작게(초라하게) 시작해도 되는 건가요?"

그는 주 앞에서 자라나기를 연한 순 같고 마른 땅에서 나온 뿌리 같아서 고운 모양도 없고 풍채도 없은즉 우리가 보기 에 흠모할 만한 아름다운 것이 없도다 이사야 53:2

예수님 자신이 가장 낮고 초라하게 이 땅에 오셨다고 새 벽에 말씀을 주셨다. 이 말씀은 내게 특별한 의미로 다가 왔다. 학원을 개원할 때, 고급 인테리어와 70명분의 뷔페 를 차려놓고 화려하게 시작했지만 빚을 많이 지고 폐업한 아픔을 겪은 경험 때문이다. 주님께 의미가 있다면 나의 초라함은 초라함이 아닌 것이다.

마지막으로 세 번째, 확인 질문을 드렸다. 퇴직 이후 매 달 150만 원의 적자로 퇴직금을 까먹고 있는 재정의 연약 함으로 인하여 교회를 계속 할 수 있는 건지 기도했다.

다음날 새벽, 주님께서는 찬송가 가사로 답해 주셨다. "시온성과 같은 교회, 흔들릴 것 무어냐."

교회는 하나님께서 세우시는 것이니 사람에 의해 흔들리지 않는다는 뜻으로 해석이 되었다. 눈뜨자마자 찬송가 210장을 불러보았다.

시온성과 같은 교회 그의 영광 한없다 허락하신 말씀대로 주가 친히 세웠다
반석 위에 세운 교회 흔들 자가 누구랴 모든 원수 에워싸도 아무 근심 없도다
생명 샘이 솟아 나와 모든 성도 마시니 언제든지 흘러넘쳐 부족함이 없도다
이런 물이 흘러가니 목마를 자 누구랴 주의 은혜 풍족하여 넘치고도 넘친다

사마리아 여인같이 상처받은 영혼이었던 나를 찾아와주시고, 살려 주시고, 주의 종으로 불러 주신 은혜가 늘 감사의 눈물인데 교회로 삼아 주시니 은총, 은총, 은총이다. 무얼 어떻게 해야 하는지 하나도 아는 게 없지만 주님께서 인도해 주시니 두려울 게 무어랴. 새벽마다 말씀과 찬양으로, 꿈과 환상으로 인도해 주시니 한 걸음 한 걸음 따라가리라.

어린아이 같은 우리 미련 하고 약 하나

주의 손에 이끌리어 생명 길로 가겠네

한 걸음 한 걸음 주 예수와 함께

날마다 날마다 우리 걸어가리 찬송가 430장

이 책은 만민을 위하여 기도하는 집인 '해나는 교회'의
첫 번째 사역이다. 내가 두려움에 삼켜져 살 소망을 잃었
을 때 주님은 말씀으로 도전해 오셨다.

내가 네 곁으로 지나갈 때에 네가 피투성이가 되어 발짓하는
것을 보고 네게 이르기를 너는 피투성이라도 살아 있으라 다
시 이르기를 너는 피투성이라도 살아 있으라 에스겔 16:6

예수님의 음성을 들은 나는 말씀으로 응답하였다.

내가 죽지 않고 살아서 야훼께서 하시는 일을 선포하리로다
시편 118:17

이 책이 바로 그 첫 열매이다.
열방과 세계 가운데에서 주여 높임을 받으소서!

기독교 신앙이 담긴 바른
교회 용어를 통해 알아보는 믿음의 자리!

이상윤 지음 | 192쪽 올컬러 | 13,000원

올바른 교회 용어는 왜 중요할까?

우리가 쓰고 있는 기독교 용어에는 구복신앙적 요소, 샤머니즘, 비기독교적 가치관을 담은 것들이 많다. 때문에 바른 교회 용어를 사용하는 것은 하나님의 말씀을 좀 더 바르게 이해하고 실천할 수 있는 첫걸음의 시작일 것이다.